Hardy Krüger

EINE FARM IN AFRIKA

BASTEI
LÜBBE

BASTEI LÜBBE TASCHENBUCH
Band 12020

1. Auflage: 1993
2. Auflage: 1998
3. Auflage: 2001

Kartenzeichnungen von Georg Meyer
Der Band »Afrika, eine politische Länderkunde«,
aus dem in diesem Buch zitiert wird
erschien im COLLOQUIUM VERLAG, Berlin

Vollständige Taschenbuchausgabe der im
Gustav Lübbe Verlag erschienenen Hardcoverausgabe

Bastei Lübbe Taschenbücher und Gustav Lübbe Verlag
sind Imprints der Verlagsgruppe Lübbe

© 1999 by Hardy Krüger
Lizenzausgabe: Verlagsgruppe Lübbe GmbH & Co. KG,
Bergisch Gladbach
Einbandgestaltung: Klaus Blumenberg
Titelfoto: ZEFA / Mauritius
Vignetten: Francesca Krüger
Satz: hanseatenSatz-bremen, Bremen
Druck und Verarbeitung: Cox & Wyman Ltd.
Printed in Great Britain
ISBN 3-404-12020-5

Sie finden uns im Internet unter
http://www.luebbe.de

Der Preis dieses Bandes versteht sich einschließlich
der gesetzlichen Mehrwertsteuer.

Für Francesca,
für Malaika
und für
Hardy Krüger junior

Felix Jud von der Hamburger Bücherstube,
der treue Freund aus frühen Tagen,
hat mich zum Schreiben angeregt
und mir während der langen Arbeit
an meinem Erstling Mut gemacht.
Danke, Felix.

Hardy Krüger

Wer die Götter,
seinen eigenen Gott,
die Allmacht,
die Natur,
kurz, alles Überirdische,
beschreiben will,
sollte nicht mit dem Universum,
sondern eher mit einem Blatt
an einem Baum beginnen.

Igor Sentjuro

1. Blatt

Es enthält Auszüge aus meinem ostafrikanischen Tagebuch, das ich während der sechsmonatigen Drehzeit an dem amerikanischen Tierfängerfilm »Hatari« zwischen Herbst 1960 und Frühjahr 1961 geführt habe.

Zeit

Unter dem Vordach meines Zeltes am Mto wa mbu. Nacht. Das Gequake der Ochsenfrösche im Schilf des Manyara übertönt das schrille Singen der Zikaden. Die Amerikaner im Zelt nebenan pokern mit einer Verbissenheit, als ginge es um ihr Leben. Vor etwas mehr als einer Woche haben wir hier unser Lager aufgeschlagen. Es muß Mitte Dezember sein. Genaues Datum unbekannt. Die gewohnten Zeitbegriffe gelten nicht mehr. Hier rechnet man anders. Etwa so: »Das war an dem Tag, nachdem wir das Nashorn gefangen hatten — das mit dem abgebrochenen Horn . . .« Und dann weiß man wieder, wann es war.

Zeit? Was ist das schon? Seit ich beginne, Afrika zu verstehen, wird mir bewußt, wie sehr ich zum Sklaven dieses Begriffs geworden bin. Wie oft hatte ich gesagt, »dazu habe ich keine Zeit«, oder »so lange kann ich nicht warten«. Oder in Paris: das Telefon klingelt und die Stimme eines Freundes sagt: »Es ist eine sehr wichtige Sache. Bitte sei um 1 Uhr bei Fouquet.« Wenn dann auf dem Wege dahin das Taxi, in den Strom anderer Fahrzeuge eingekeilt, nicht vorankommt und das Hupkonzert ringsum ohrenbetäubend wird, kriecht Nervosität in mir hoch. Ich werde 10 Minuten zu spät kommen! Und hier? Wenn ein Farmer den anderen in Arusha auf der Straße trifft und sagt: »Laß dich mal wieder sehen«, dann meint der andere: »Gut, ich komme vorbei, irgendwann in diesen Tagen.« In Afrika gleicht die Zeit der Landschaft. Beide strecken sich vor mir aus, so weit mein Auge reicht.

Rashidi

Der junge Afrikaner, der mein Zelt versorgt, heißt Rashidi. Wenn er mir morgens um fünf die Kanne mit dem dampfenden Tee bringt, singt er auf dem Wege vom Koch bis zu mir so laut, als gäbe es nur ihn auf der Welt. Kurz vor dem Zelt bleibt er stehen und ruft fragend »Hodi?« (Kann ich reinkommen?) Und wenn er abends die Whiskyflasche mit dem kleinen Eiskübel, den Gläsern und dem Sodawasser neben meiner Gaslampe auf dem Klapptisch vor dem Zelt abgestellt hat und sein Tagewerk damit beendet ist, verabschiedet er sich mit den Worten »Lala Salaama, Bwana« (Friedlichen Schlaf, mein Herr).

Rashidi ist Mohammedaner. Er stammt aus den Usambara-Bergen, östlich von hier, unweit des Indischen Ozeans. Sein Vater war Beamter bei der Kaiserlichen Post, damals, als Tanganjika noch deutsche Kolonie war und Deutsch-Ostafrika hieß. Nach der Kapitulation der Schutztruppe unter Lettow-Vorbeck zog sich der kaiserliche Postbeamte ins Privatleben zurück und erwarb von seinen Ersparnissen ein Stück Land, begann es zu roden und zu bebauen, gründete eine Familie und hatte somit seine »Boma«. Allah erlaubte ihm, noch so lange zu leben, bis seine beiden Töchter verheiratet waren, wodurch die Zahl der Kühe, Schafe und Ziegen in seiner Boma beträchtlich wuchs. (Bei allen Stämmen, die ich bisher in Tanganjika kennengelernt habe, ist es üblich, daß die heiratsfähigen Töchter durch den Bräutigam käuflich erworben werden. Schönheit oder Liebreiz spielen dabei keine

Rolle. Ein Mädchen muß gesund und kräftig sein, Kinder gebären und gut arbeiten können. Dann erzielt es einen hohen Preis.)

Vor einigen Jahren war Mzee, Rashidis Vater, gestorben. Das Land wurde unter den vier Söhnen aufgeteilt. Rashidi tat das, was viele andere seines Stammes auch getan hätten: er kaufte sich mit einem Teil der ererbten Kühe eine Frau und überließ ihr die Bewirtschaftung seiner kleinen Shamba (Farm). Er selber aber zog aus, um Geld zu verdienen. Zunächst als Koch und Hausgehilfe bei einem Farmer, dann bei einem White Hunter und nun hier bei der Paramount.

Wenn der Film abgedreht ist, will Rashidi für eine Weile nach Usambara zurückkehren. Zu seinem völligen Glück fehlen nur noch Kinder. Also muß er nach Hause. Sobald ihm seine Frau berichten wird, daß sie schwanger ist, wird er sich eine zweite Frau kaufen. (»Wozu glaubst du, Bwana, habe ich so lange gearbeitet und mir all die Shillinge gespart?«)

Ich malte mir aus, was wohl geschehen würde, wenn ich mit einer zweiten Frau nach Hause käme, und fragte Rashidi: »Und was sagt deine erste Frau dazu, wenn du mit der zweiten in die Boma kommst?«

Lange Zeit schien er angestrengt nachzudenken. Schließlich antwortete er mit jener Höflichkeit, die nur dem Nichtverstehen entspringen kann: »Gar nichts wird sie sagen. Froh wird sie sein.«

(Liebe, Eifersucht, Treue. Bis daß der Tod euch scheidet. Absteigequartiere für verheiratete Handlungsreisende und Konferenzteilnehmer. Die offizielle Geliebte. Othello. Die Dubarry. Anna Karenina. Aretino. Martin Luther.)

»Wieso wird sie sich freuen, Rashidi?«

»Na ja — weil ich natürlich eine aussuchen werde, mit

der sie sich versteht. Die zweite wird noch sehr jung sein und von der ersten lernen können . . . Sieh mal, Bwana, wenn meine Frau ein Kind erwartet, kann ich sie doch nicht mehr in der Shamba arbeiten lassen. Und ich kann auch nicht mehr mit ihr wiwi machen. Das verstehst du doch, oder? Drei Jahre lang — so lange sie schwanger ist und stillt — keine Arbeit und kein wiwi. Da nehme ich also die neue Frau. Bei der kann ich dann schlafen und die macht die Arbeit.«

»Und wenn die zweite Frau ein Kind erwartet, was dann, Rashidi?«

»Dann muß ich eben eine dritte heiraten. Wir Mohammedaner dürfen ja vier Frauen haben.«

Wir blieben noch lange bei dem Thema. Ich hatte viele Fragen. Rashidi holte sich eine Tasse Tee aus der Küche und setzte sich zu mir vor das Zelt. Er erzählte mir von einem Tschagga, der sich keiner Religion angeschlossen hatte. Er wird auf einhundertundfünfzig Frauen geschätzt, die er mehr oder weniger gleichmäßig auf seine 30 Shambas verteilt hat. Durch diese fleißigen Damen vermehrte sich sein Reichtum von Jahr zu Jahr. Von seinen Kindern kennt er die meisten kaum beim Namen. Heute ist er alt. Aber er läuft immer noch zu Fuß von Besitz zu Besitz, manchmal tagelang, wenn er auf Inspektionsreise geht oder lediglich seinen Damen Besuche abstatten will. Rashidi behauptet, der alte Tschagga schicke dann allerdings immer einen Boten voraus, der den Bwana Kuba (den großen Herrn) anmeldet. Er will keine Überraschungen erleben.

(Also gibt es doch nicht nur bei uns Othello, die Dubarry, Anna Karenina, Aretino, Martin Luther.)

Mto wa mbu

In unsere Sprache übertragen, heißt Mto wa mbu »Fluß
der Moskitos«. Bisher habe ich nur ganz wenige dieser
Stechmücken gesehen. Fliegen, ja. Sobald ein Massai
durchs Camp läuft, bringt er die Fliegen mit. Massais
sind Fliegenträger. Nachts taumeln alle Arten von Nacht-
faltern und Käfern um den breiten Zylinder meiner Gaslampe vor dem Zelt. Aber Moskitos nur ganz selten. Ich
habe Rashidi gefragt, wie dieser kleine Fluß zu seinem
Namen kommt, und er hat mir das so erklärt:

Die Bäume, unter denen unsere Zelte stehen, sind eine
Ahornart, Thorntree genannt, Dornenbaum. Sie tragen
an den Zweigen fünf Zentimeter lange, spitzige und harte Dornen. Zwischen den Dornen wachsen das ganze
Jahr über kleine, zarte, hellgrüne Blätter. Die Giraffen ernähren sich davon. Mit ihrer langen Zunge holen sie sich
geschickt die Blättchen zwischen den Dornen hervor.

Weil die Dornbäume immer an Flüssen wachsen oder
wo es Grundwasser gibt, nennt man sie auch Fieberbäu-
me. Denn wo Wasser ist, gibt es Moskitos, und wo Moskitos leben, gibt es Fieber. Also muß diese Gegend irgendwann einmal von Moskitos verseucht gewesen sein.

Die Löwin

Man hatte mir das Lassoschwingen beigebracht, und ich
wollte es üben.

Bob Gray saß neben mir im Jeep, heute morgen, auf
dem Weg zum Drehort, weit draußen auf der westlichen
Seite des ausgetrockneten Sees. Bob Gray ist der Sohn
eines wohlhabenden Bauern aus Wales. Seinen Militär-
dienst in der englischen Armee hat er in Kenia abgelei-

stet. Als die zwei Jahre um waren, konnte er von Afrika nicht mehr los. Er schrieb seinem Vater, daß er hierbleiben werde, und nahm eine Stelle als Manager auf einer Rinderfarm an.

Bei den Maji Moto, den heißen Quellen, stand im hohen Gras eine Büffelherde. Über den Kurzwellensender in meinem Jeep gab ich dem Meilen vor mir fahrenden Howard Hawks den Standort der Herde durch. Prompt kam die Antwort. »Bleib bei ihnen. Laß sie nicht aus den Augen. Wir drehen inzwischen ein paar Sachen mit den Gnus hier, bei denen ich dich nicht brauche. Warte bei den Büffeln.«

Bob und ich warteten. Es wurde Mittag, und die Büffel stellten sich in den Schatten der Bäume am Rande des dichten Waldes. Ich fuhr den Jeep tiefer ins hohe Gras, um näher bei der Herde zu sein. Prompt ließen die Fliegen von den Tieren ab und kamen zu uns zu Besuch geflogen. Wir aßen unsere Sandwiches und dösten vor uns hin. Es wurde langweilig. Wir begannen, ein wenig mit dem Lasso zu spielen. Zuerst nahm Bob Aufstellung, steif wie ein Pfahl. Ich schwang das Lasso, so gut ich konnte, aber es wollte mir nicht gelingen, die Schlinge in dem Augenblick scharf anzuziehen, als sie über seine Schultern fiel. Als Bob an der Reihe war, ging ich fünfzehn Schritte nach links und pflanzte mich für ihn auf. Bei seinen ersten drei Versuchen schlug mir das Seil hart ins Gesicht. Ich fluchte und Bob schwang weiter aus. Plötzlich wurden seine Augen starr. Der hocherhobene rechte Arm, der das Lasso eben noch hatte wirbeln lassen, verlangsamte seine kreisende Bewegung wie ein Brummkreisel, dem der Schwung ausgeht.

»Was ist los?« rief ich laut und Bob antwortete flüsternd: »Mach keine Bewegung.«

»Was ist denn los?« wiederholte ich.

»Hinter dir liegt eine Löwin.«

Rattatumtumtum. Trommelwirbel. Herz im Halse. Weglaufen? Nein! Still stehenbleiben. Eisstücke im Nakken und Schmerz in den Muskeln hinter den Ohren runter zur Schulter. Krampf. Ewigkeiten.

Zu Bob, der regungslos steht: »Was soll ich machen?«

»Dreh dich ganz langsam um. Gaaanz langsam. Keine schnelle Bewegung!«

Ist Gray wahnsinnig geworden? Seine Augen sehen nicht so aus. Sie sind starr auf das Etwas hinter mir gerichtet. Also drehe ich mich um. Langsam. Zentimeter für Zentimeter. Die langsamste Drehung meines Lebens.

Und da ist sie . . . Keine Mähne. Bernsteinaugen. Flach auf dem Bauch. Sprungbereit. Wir starren uns gegenseitig in die Augen.

»Was nun, Bob?«

»Komm zurück. Rückwärts. Gaaanz langsam. Aber laß sie nicht aus den Augen.«

Grashalmbreite für Grashalmbreite schiebe ich die Absätze meiner Stiefel rückwärts. Fliegen krabbeln über das gelbe Fell am schwarzen Rand des Maules. Blutreste, wahrscheinlich vom letzten Kill. Also ist sie satt, müde, will mich gar nicht. Trotzdem langsam. Langsam. Ob ich die letzten Meter zum Jeep rennen kann? Reinspringen? Starten? Los? Geht nicht. Der Jeep ist offen. Die Löwin würde meine schnelle Bewegung mißverstehen und sich bedroht fühlen. Sie könnte uns noch im Wagen erwischen.

Vorhin hatte ich für die fünfzehn Schritte so lange gebraucht, wie man eben braucht, wenn man schnell fünfzehn Schritte macht. Jetzt will der Rückzug kein Ende nehmen. Als ich endlich mit meinem Hintern an die heiße eiserne Bordwand des Jeeps stoße, sitzt Bob schon am Steuer. Er läßt den Motor an. Der Wagen rollt durch das dichte Gras. Als wir am Rande des Zedernwalds ankommen, stellen wir fest, daß die Büffel verschwunden sind.

Der Baobab

Heute habe ich das Wasser aus einem Baobab getrunken. Möchte wissen, warum wir diese kolossalen Urweltgewächse »Affenbrotbäume« nennen. Weder von Affen noch von Broten die geringste Spur. Winzig kleine Blätter an knorrigen, wild ausgestreckten Ästen.

Den ganzen Tag lang Szenen mit Giraffen auf dem Sodagrund des gegenwärtig ausgetrockneten Lake Manyara gedreht. Konnte einen großen Bullen mit dem Jeep (Geschwindigkeit gut 40) aus der galoppierenden Herde trennen und ihn, neben ihm herfahrend, dem Fängerwagen zutreiben. Der Fänger brachte sein Lasso gut über den langen Hals und vermied jede ruckartige Bewegung. Wenn das Tempo verringert wird und besonders dann, wenn der Fängerwagen zum Stillstand gekommen ist, besteht die Gefahr, daß die Schlinge des Lassos der Giraffe die Halswirbel bricht.

Man hat mir immer erzählt, Giraffen seien stumm. Stimmt nicht. Der große Bulle heute stieß, als er den Kampf aufgab, einen langgezogenen, verzweifelten, tiefen Laut aus. Wie das Röhren eines Hirsches. Wir konnten das Tier nach einigen Stunden beruhigen, drehten alle nötigen Szenen mit ihm, und ließen es am Abend wieder laufen.

Auf dem Rückweg zum Camp kam ich an dem großen Baobab vorbei, den ich »Halbzeitbaum« nenne, weil ich in seinem kärglichen Schatten meist zu Mittag mein Sandwich esse. Ich hatte einen so vernichtenden Durst, daß mir nichts anderes übrigblieb, als von seinem Wasser zu trinken. In mittlerer Höhe hat der Stamm auf der Wetterseite ein großes Loch. Darin fängt sich Regenwasser. Der Baum ist beinahe völlig hohl und bildet eine natürliche Zisterne. Mit meinem Safarihut konnte ich das Wasser herausschöpfen. Es schmeckte ein bißchen muffig, war aber trotz der Hitze kühl wie Rashidis Whisky am Abend.

Es scheint, als hätten die Afrikaner für alles, was um sie herum vorgeht, eine altüberlieferte Erklärung zur Hand. Zeppho, der Lagerkoch vom Stamme der Tschagga, hat mir eine ganze Reihe davon erzählt, die alle mit dem Wort »warum« beginnen:

»Warum die Schildkröte einen genarbten Panzer trägt«;

»warum eine Frau nicht alle Geheimnisse kennen muß«;

»warum wir Menschen den Affen ähnlich sind«;

»warum wir die Wahrheit sagen sollen«;

»warum den Männern Haare auf der Brust wachsen«.

Und weil die knorrigen Äste des Baobab eigentlich mehr den Wurzeln eines Baumes ähneln, wußte Zeppho natürlich auch zu erklären, warum die Wurzeln des Baobab in den Himmel wachsen:

»Als Gott die Welt erschaffen hatte, besah sich der Baobab im Spiegel, verglich sich mit all den anderen Bäumen und fand, daß er benachteiligt sei. Der Fieberbaum hatte ein sanftes Grün und eine wunderschöne gelbe Rinde. Die Palme war schlank und hoch und spreizte ihre Wedel nach allen Seiten. Der Flamboyant hatte rote Blüten, so leuchtend rot, daß alle Tiere davor stehenblieben und sagten: ›Wie bist du schön!‹

Im tiefsten Herzen gekränkt, lief der Baobab zum lieben Gott, verneigte sich tief und sagte: ›Herr, ich möchte auch so schöne Blüten haben wie der Flamboyant.‹

Aber Gott sprach: ›So wie du bist, bist du schön.‹

›Ich habe einen dicken Bauch‹, klagte der Baobab, ›und einen kurzen Stamm und Blüten, die so klein sind, daß man sie kaum sehen kann.‹

Der liebe Gott war anderer Meinung und mit seinem Werk zufrieden und schickte den Baobab fort. Der aber kam so lange wieder, Tag für Tag, bis der liebe Gott die Geduld verlor. Man weiß ja, daß der liebe Gott nicht immer nur lieb ist, sondern auch mal zornig wird. Er grollte ein Gewitter, hob den Baobab mit starker Hand hoch in die Luft und rammte ihn kopfunterst in die Erde. Und seitdem wachsen die Wurzeln des Baobab in den Himmel.«

Altes Jahr

Erfolglose Versuche, Szenen mit Impala-Antilopen zu drehen. Diese Tiere sind in dem buschigen Gelände der Amboseli selbst für unsere schnellen Fahrzeuge zu flink.

Auf dem Rückweg zum Camp traf ich Old Charly, den narbigen, mißtrauischen Elefantenbullen, der nur einen Stoßzahn trägt. Er war schlecht gelaunt und griff meinen Jeep an. Wenn ich Gas gab, blieb er stehen. Sobald ich anhielt, lief er wieder auf mich zu. Das Gelände war für mich günstig: harter Boden, einige freie Flächen, verhältnismäßig lichter Busch, Dornbäume. Viel Bewegungsfreiheit. Ich muß jetzt noch lachen, wenn ich dran denke: Charly wie ein riesiger Hund hinter meinem kleinen offenen Fahrzeug. Ohrlappen wie Ballonsegel. Rüssel hochaufgestellt. Schmetternde Trompetenstöße. Erst bei den Meerschaumminen, an der Grenze von Kenia, gab er auf.

Auf der alten Fahrspur, die nach Dinga-Dinga führt,

begegnete mir der Meerschaum-Manager in seinem Pritschenwagen. Er hielt mich an, ließ sich Feuer für seine Zigarre geben und sagte vor dem Weiterfahren: »Na, denn auch ein schönes neues Jahr!« Richtig. Das Jahr 1960 geht in einigen Tagen zu Ende. Es hat vor unendlich langer Zeit begonnen. Wie war das noch? Und wo? Hier, mitten im afrikanischen Busch erscheint alles, was vorher war, unwirklich, unwichtig. Sehr weit weg. Und doch: da waren zwei Filmpremieren, Dreharbeiten in Paris und Spanien — da ist meine Ehe, die nicht mehr zu retten scheint — Muttern schreibt zufriedene Briefe aus ihrem Starnberger Haus und Christiane zimmert sich in ihrer Genfer Schule eine Vorstellung von ihrem Leben aus eigener Sicht. Während der Arbeit an einem Drehbuch in London war es kalt und naß gewesen, und Berlin hatte einen zauberhaften Sommer beschert. Und sonst? Was war sonst noch geschehen in der Welt?

De Gaulle hat ein »algerisches Algerien« angekündigt.

Eichmann ist in Argentinien gefangen worden.

Franco betrachtet Lohnstreiks als militärische Rebellion.

Chruschtschow hat in der UNO mit dem Schuh auf den Tisch gehauen.

Eine amerikanische U 2 wurde über der Sowjetunion abgeschossen.

Siebzehn afrikanische Staaten erhielten ihre Unabhängigkeit.

Die Volksrepublik China hat revolutionäre Aktionen in den Entwicklungsländern angekündigt.

Die Bundeswehr will atomare Bewaffnung haben.

John F. Kennedy heißt der neue Präsident der Vereinigten Staaten.

Die Atommächte USA und UdSSR haben ihr nukleares Potential auf insgesamt 30 Mrd. Tonnen TNT gebracht. Das sind, wenn ich richtig gerechnet habe, 10 Tonnen TNT für jeden Kopf auf dieser Erde. Das müßte ausreichen.

Momellaseen

Ich habe den Garten Eden gesehen.

Schon vor Sonnenaufgang war ich unterwegs, mit August, meinem alten Landrover, auf Entdeckungsreise. Ich folgte einer von nachwachsendem Busch überwucherten Spur, die mich hügelan führte. Plötzlich ging's nicht mehr weiter. Ein steil nach Norden abfallender Hang gab den Blick frei. Das Bild, das ich sah, wird mich mein Leben lang begleiten. Hellgrüne Seen, von sanften, saftgrünen Hügeln umrahmt. Dahinter die unendlich scheinende gelbe Massai-Steppe, über der sich in majestätischer Breite die waldbedeckten Flanken des Kilimanjaro erheben. Und über allem der ewige Schnee, das Eis des Kibo. Auf dem durchsichtigen Blau des Himmels glitten kleine Wolken, wie weiße Segelschiffe, eilig nach Westen, dunkle Schatten durch die gelbe Steppe hinter sich herziehend.

So weit mein Auge reichte, keine menschliche Ansiedlung. Nur hier und da einmal, weit, weit entfernt, ein weißer Tupfer: ein Farmhaus. Am Hang des Ngurdato-Kraters eine bananenblattgedeckte Hütte: die Shamba eines Wameru. Kein Dorf, keine Stadt, keine Straße, keine Eisenbahn, kein Flugplatz. Nur Land. Weites, farbiges, paradiesisches Land. Und Tiere. Überall wilde Tiere.

Im gelbbraunen Gras lagerte eine Herde von Büffeln. Die schwarzen Kolosse dösten mit geschlossenen Augen träge vor sich hin. Ab und an bewegten sie ein Ohr oder schlugen die langen Schweife wie Fliegenwedel über ihre

Rücken. In dem kleinsten der vielen Seen alberten drei Flußpferde herum. Sie tauchten unter und kamen prustend wieder hoch. Wie Kinder bei »Hitzefrei«. Ein Rudel grauer Buschböcke wanderte mir gemächlich entgegen. Erst als sie bis auf wenige Schritte herangekommen waren, trug ihnen der Wind meine Witterung zu. Wie versteinert blieben sie stehen. Das Leittier bellte laut und warnend. Es hörte sich an wie der harte Husten eines Hundes. Eine Zeitlang verhielten sie regungslos vor meinem Versteck. Dann jagten sie in großen Sprüngen davon. Das Donnern ihrer Hufe weckte eine Python, die es sich neben einem Kaktusbaum bequem gemacht hatte. Sie reckte ihren Kopf der Sonne entgegen und entschied sich nach längerem Nachdenken für die Fortsetzung ihres Mittagsschlafs.

Auf dem Heimweg, gegen Abend, stieß ich in einem dichten Wald aus Schirmakazien auf die Ufer eines kleinen Sees, den ich den »Liebes-See« taufte. An seinem Rande standen Giraffengruppen, in Liebesspiele versunken. In weitausladenden, langsamen, rhythmischen Bewegungen schlangen lange Hälse sich umeinander. Ein Nashornbulle sprang auf eine Nashornkuh. Mit den runden Sohlen seiner Vorderfüße auf den Rücken seiner Dame gestützt, verharrte er lange Zeit unbeweglich. Auch sie schien wie erstarrt. Nur ab und an war ein lautes Schnauben, ein Grunzen zu hören.

Die Sonne verschwand hinter dem Meru. Das Wasser des Liebes-Sees färbte sich dunkelblau-lila. Im dunklen Spiegel seiner glatten Oberfläche reflektierte sich der Schnee des Kilimanjaro.

Glücklich, wer hier leben kann. Leben. Im ursprünglichen Sinne des Wortes.

Willy de Baer

Der Mann, der uns den Tierfang lehrt, ist ein Bure namens Willy de Baer. Das verwitterte Gesicht des unscheinbaren kleinen Mannes ist ständig von einem zerbeulten, durchlöcherten Hut beschattet. Willy ist alt und müde. Er bleibt den ganzen Tag in der Sonne, um seine gichtigen Knochen zu wärmen. Neulich kam ich zufällig vorbei, als er sich die knotigen Hände massierte. Das war ihm unangenehm. Er knurrte: »Zeit, Schluß zu machen. Wird wohl meine letzte Safari sein.«

Willy ist einer der letzten alten Vortrekkers. Fast noch ein Kind, soll er mit seinen Eltern im Planwagen, der von acht Ochsen gezogen wurde, von Südafrika eingewandert sein. Das war noch vor der Jahrhundertwende. Die Familie ließ sich an der Windy Corner nieder, rodete den Busch und begann zu farmen. Willy aber wurde Tierfänger. Vom Sattel seines Pferdes aus fing er mit dem Lasso Zebras, Gnus, Antilopen, Giraffen und auch Büffel und Elefanten. In großen Käfigen, die er selber konstruiert hatte, fing er Löwen und Leoparden. Die Zoos der Neuen und der Alten Welt hatten damals einen großen Bedarf an wilden Tieren. Willy heiratete eine Frau, die wie er aus Südafrika stammte, und seine Söhne erlernten das Handwerk vom Vater.

Von den ersten Automobilen, die stinkend über die sandigen Wege rumpelten, hielt Willy zunächst nicht viel. Als diese Maschinen aber im Laufe von zwanzig Jahren ständig verbessert wurden und immer mehr davon in Tanganjika zu sehen waren, und als sie begannen, das Pferd von den Farmen zu verdrängen, wurde der Tierfänger nachdenklich. Eines Tages kaufte er sich in Arusha einen kleinen Lastwagen und ließ sich zeigen, wie man damit umgeht. Zu Hause angekommen, baute er eine hölzerne Reling auf die Pritsche hinter der Fahrerkabine und zurrte seinen ältesten Sohn mit einem dicken Hanfseil daran fest. Die anderen mußten ebenfalls auf die Pritsche steigen und sich an dem hölzernen Geländer festhalten. Willy klemmte sich hinter das ungewohnte Steuerrad und fuhr in den Busch. Sein erstes Fangopfer war ein Büffel. Willy fuhr in eine Herde hinein, die mit donnernden Läufen die Flucht ergriff. Mit Vollgas fahrend, trennte Willy einen jungen Bullen von der Herde. Flanke an Flanke jagten Lastwagen und Büffel durch halbhohes Gras, über Fuchslöcher und schwarzgebranntes Gestein. Der älteste Sohn knotete das Ende des Lassos an der hölzernen Reling fest und warf die Schlinge um das Gehörn des jungen Büffels. Willy verlangsamte die Fahrt. Das Lasso straffte sich. Willy bremste und brachte den Wagen schließlich zum Stehen. Der Büffel versuchte vergeblich, das schwere Fahrzeug mit sich zu ziehen. Söhne und Helfer sprangen von der Pritsche und fesselten das gefangene Tier. Von diesem Tag an wurden die wilden, tonnenschweren Tiere Afrikas vom Auto aus gefangen.

Gestern bin ich mit Willy in Arusha gewesen. Durch den Busch fuhr der Alte selbst. Bei der Asphaltstraße angekommen, übernahm sein Sohn das Steuer. Willy de Baer hat keinen Führerschein.

Kneipe der Pioniere

Das New Arusha Hotel sieht alt aus. Einstöckiges, weißgestrichenes Gebäude, von dunklen Holzbalken getragen. Die ersten Settlers wuchteten hier Samstag abends eine Ziege oder ein Schaf auf die lange Theke im Austausch gegen Lokalrunden.

In der renovierten Bar geht es hoch her. Farmer, Kauf-leute, Mechaniker und Lastwagenfahrer aller europäischen Nationen trinken ihr Bier vor dem Lunch. Ein untersetzter Mann, ungefähr vierzig Jahre, Schlapphut, Bartstoppeln, weite Khakishorts, Gummistiefel, fragt Willy auf afrikaans: »Wann gehst du nach Hause?«

»Ich bin hier zu Hause«, antwortet der Bure.

Nach dem dritten Bier bietet mir der Untersetzte seine Farm zum Kauf an. 3000 Acres, 400 davon Kaffee. Der Rest Bohnen, Mais und Weideland. Alles zu einem Spottpreis, aber auszahlbar in englischen Pfunden. Der Südafrikaner will weg, zurück zum Kap. Tanganjika, augenblicklich Mandat der UNO, von Großbritannien verwaltet, soll im nächsten Jahr unabhängige Republik werden.

Alle Südafrikaner an der Bar wollen verkaufen. So schnell wie möglich. Es geht das Gerücht, daß ihnen am Tage X der Besitz genommen wird. Nur Willy widerspricht. Seine Söhne sind hier geboren. Seine Söhne bleiben hier. Wer soll denn für Tanganjika die Tiere fangen? Verächtlich mustern die kleinen Augen des Oldtimers diese armseligen Gestalten, die wie Männer aussehen, aber bereit sind, das, was sie mühsam aufgebaut haben, aus Furcht vor der Zukunft zu verschleudern.

Zwischen zwei Blättern

So breit wie der Afrikanische Graben tut sich eine Kluft auf zwischen meinen ersten Eindrücken und dem Alltag in einem afrikanischen Land.

Heute, da ich in Tansania Wurzeln geschlagen habe, ist mein Blick objektiver.

Bevor ich jedoch mit der Chronik Momellas beginne, scheint mir ein Hinweis nötig, eine Erläuterung, ein Blatt zwischen zwei Blättern.

Halbinformation

So gut wie jeder von uns hat in seiner Kindheit und seinen Jugendjahren von Afrika geträumt. Und wer nicht im Trott des Alltags seiner Phantasie erlaubt hat, einzuschlafen, der träumt noch heute von diesem Kontinent des Abenteuers. ›Mit Blitzlicht und Büchse‹, ›Heija Safari‹, ›Am Herzen des Nil‹, ›Die letzten Reiter von Windhuk‹, ›Buschfeuer‹, ›Als Weißer unter Schwarzen‹ und so weiter und so fort. Buschtrommeln. Sklavenhandel. Giftpfeile. Elefantenherden im Angriff. Ein Leopard im Sprung, den Rachen weit aufgerissen, im letzten Moment durch einen gutgezielten Schuß des treuen schwarzen Begleiters getötet. Was immer der Phantasie einschlägiger Kolonialromantiker entsprang, wir haben es verschlungen.

Glücklicherweise stehen heute dem, der gute Afrikaliteratur liebt, neben reinen Sachbüchern so vorzügliche Werke zur Verfügung wie ›Die Wurzeln des Himmels‹, ›Flamingofeder‹, L'Etat Sauvage‹, ›The Rapids‹, ›Something of Value‹. Alles Bücher, die sich mit dem erwachenden Afrika unserer Tage auseinandersetzen.

Bei den großen Medien der Information und Meinungsbildung dagegen — wie Presse, Fernsehen und Dokumentarfilm — liegt manches im argen. Der abendfüllende Farbfilm »Africa Addio« ist in meinen Augen der Gipfel an Entstellungen und bewußten Verdrehungen eines verantwortungslosen Journalismus.

Ohne Frage gibt es bei Presse und Fernsehen eine Anzahl ausgezeichneter und sachlich fundierter Berichte. Die Mehrzahl allerdings leidet unter den oberflächlichen Recherchen ihrer Verfasser und führt deshalb zu einem falschen Bild. Hier ein Beispiel aus meiner eigenen Erfahrung:

Ende Mai 1969 berichteten europäische Tageszeitungen, zum Teil in großer Aufmachung, über eine Pestepidemie in Arusha, der Hauptstadt der Nordprovinz von Tansania. Innerhalb weniger Tage sei die Zahl der Todesopfer auf 72 gestiegen! Der gesamte Arusha-Distrikt sei zum Quarantänegebiet erklärt und hermetisch abgeriegelt worden. Begreiflicherweise war ich besorgt und wollte mehr Informationen haben. Also führte ich von Lugano aus verschiedene Telefonate mit den diensthabenden Redakteuren führender Tageszeitungen in Zürich, Hamburg und München sowie mit dem Leiter eines Nachrichtendienstes. Keiner der Redakteure verfügte über letzte Meldungen. Die Artikel in den Blättern stützten sich ausnahmslos auf zwei Quellen: die Fernschreibermeldungen zweier in Nairobi stationierter Korrespondenten. Ich erbat Namen und Telefonnummern dieser beiden Journalisten in der Absicht, sofort in Nairobi anzurufen, um Informationen aus erster Hand zu erhalten. Dies erwies sich als unmöglich, da der eine Korrespondent in Richtung Kongo abgereist war und der andere sich mit unbekannter Adresse in Uganda aufhielt. Die Fernschreibermeldungen waren bereits mehrere Tage alt, und neueste Meldungen lagen nicht vor. Es wurde auch seitens der Redaktionen an jenem Tage kein Versuch unternommen, Genaueres zu erfahren. So meldete ich denn ein Ferngespräch an mit Leslie Steere, dem Bücherrevisor von Momella. Er wohnt in Moshi im Kilimanjaro-Distrikt, fünfzig Meilen von Momella entfernt. Ich war keineswegs überrascht, als ich von Leslie erfuhr, was wirklich geschehen war.

In einer Boma außerhalb Arushas hatte man eine tote Ratte gefunden, die pestverseucht war. Da einige Tage zuvor ein Bewohner dieser kleinen Ansiedlung gestorben war, wollte der Distriktarzt sichergehen und ließ die Leiche zur Obduktion ausgraben. Befund: Lungenpest. Ein weiterer Dorfbewohner starb am selben Tag an der gleichen Krankheit. Arusha wurde sofort zum Quarantänegebiet erklärt. Ärzte aller Nationen und vorbeugende Medikamente wurden eingeflogen. Sieben unter dem Verdacht der Erkrankung stehende Afrikaner wurden vorsorglich ins Krankenhaus eingeliefert. Weitere Erkrankungen traten nicht mehr auf, und die Quarantäne konnte wenig später wieder aufgehoben werden. Aus den zwei Toten und sieben Patienten wurden auf dem Wege in die Schlagzeilen der Presse 72 Leichen.

Meldungen, die nicht recherchiert sind, Artikel, die nur einen Teil der Tatsachen wiedergeben, Filme, die bewußt entstellen, führen bei dem, der sich informieren will, zu einem verzerrten, verfärbten, oberflächlichen Bild. Ich kenne dieses Bild aus vielen Gesprächen mit Gästen, die nach Momella kamen. Es findet in Phrasen wie den folgenden seinen Niederschlag:

»Der Kongo wird nie zur Ruhe kommen.«

»Die Portugiesen zeigen den Schwarzen, was Recht und Ordnung ist.«

»Mohammedaner werden ins Meer getrieben.«

»Kaum läßt man sie laufen, schon schlagen sie sich die Köpfe ein.«

»Tansania wird natürlich kommunistisch.«

»Erst kassieren sie unsere Steuergelder, dann nehmen sie den Weißen ihre Farmen weg.«

Jeder, der solchen Unsinn verbreitete, glaubte informiert zu sein und behauptete, Afrika zu kennen. Ich dagegen glaube, es wird noch sehr lange dauern, bis wir Afrika kennen. Noch vor hundertfünfzig Jahren war uns, wenn man vom Norden des Kontinents absieht, kaum mehr bekannt als der Umriß und ein relativ schmaler Landstreifen an den Küsten. Erst seit fünfzig Jahren wissen wir mehr über diesen Riesen vor unserer Haustür.

Wir wissen, daß Afrika dreimal so groß wie Europa ist und daß 320 Millionen Menschen verschiedenster Rassen, Religionen, Kulturen und Sprachen dort zu Hause sind. Das kleine Europa hingegen wird von 623 Millionen Menschen bevölkert. In Afrika leben also auf größtem Raum verhältnismäßig wenig Menschen. Die Entfernungen sind enorm, und die Möglichkeiten der Kommunikation gering. Telefon gibt es nur in den Städten und deren Randgebieten. Wenn man eine betonierte Straße antrifft, ist die Freude groß. Das Eisenbahnnetz ist in fast allen afrikanischen Staaten unzulänglich. Schiffbare Wasserwege gibt es kaum. Lediglich das Netz der lokalen Luftlinien ist verhältnismäßig ausgebaut. Trotzdem braucht beispielsweise ein Luftpostbrief, der in Arusha eingesteckt wird, sieben Tage, bis er seinen Empfänger in München erreicht.

Ein klares Bild der Vorgänge in den afrikanischen Ländern wird erst dann entstehen können, wenn verantwortungsbewußte Autoren und Journalisten sich tatsächlich an Ort und Stelle informieren und wenn dieser riesige Kontinent verkehrs- und fernmeldetechnisch erschlossen sein wird.

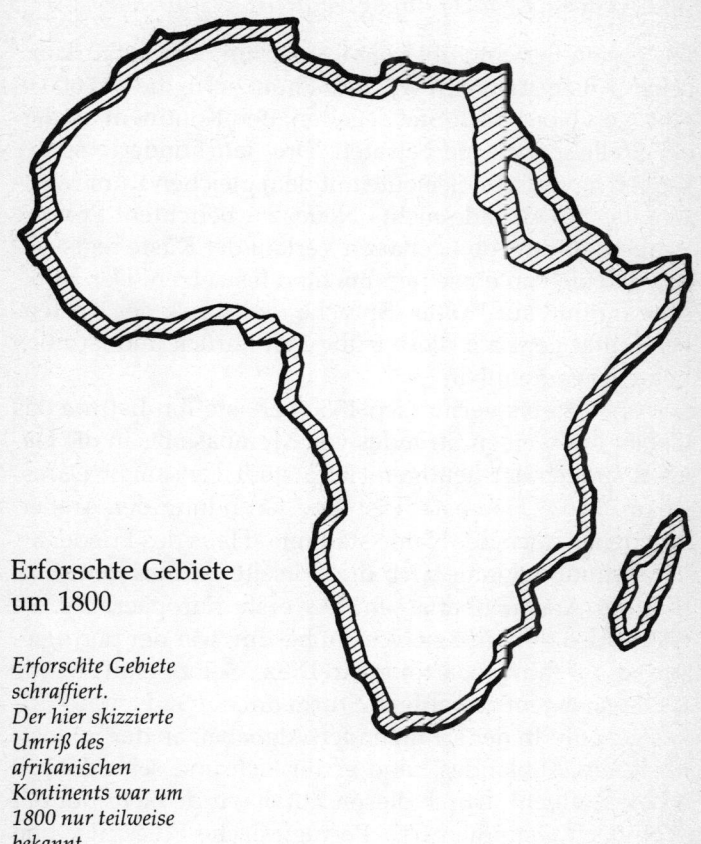

Erforschte Gebiete
um 1800

*Erforschte Gebiete
schraffiert.
Der hier skizzierte
Umriß des
afrikanischen
Kontinents war um
1800 nur teilweise
bekannt*

Kurzgefaßte Entdeckungsgeschichte Ostafrikas

Die ersten Berichte über die Entdeckung der ostafrikanischen Küste stammen von den Phöniziern, die um 600 v. Chr. von Nord nach Süd segelten, den Kontinent an dieser Stelle jedoch nie betraten. Drei Jahrhunderte später folgten ägyptische Seeleute auf dem gleichen Kurs, wußten aber im Grunde nichts Neues zu berichten. Erst die Araber konnten den genauen Verlauf der Küste registrieren und sich an einzelnen Buchten festsetzen. Der arabische Einfluß auf Kultur, Sprache und Rasse der Küstenbewohner geht auf diese frühe Zeit zurück und ist noch heute unverkennbar.

Von 1325 bis vermutlich 1350 bereiste Ibn Battuta das Gebiet des weißen Strandes von Mombasa bis in die Gegend südlich der heutigen Hauptstadt Tansanias, Daressalam. Diese Hafenstadt ist eine Gründung der Araber, von denen auch der Name stammt: »Haus des Friedens«.

Jahrhundertelang blieb die Ostseite Afrikas dem Einfluß der Araber überlassen. Der erste Europäer, der die Ostküste überhaupt zu Gesicht bekam, war der portugiesische Seefahrer Bartolomeu Diaz. Sein Schiff wurde 1488 von einem gewaltigen Sturm um die Südspitze Afrikas gespült. In der schützenden Algoabai, an der Südostküste des Kaplandes, fand er für sich und seine Mannschaft Zuflucht. Durch diesen Zufall wurde nicht nur der Weg nach Ostindien frei. Portugiesische Entdecker und Eroberer lenkten nunmehr auch ihre Schiffe nach Madagaskar und über das heutige Moçambique hinaus.

Im Verlaufe des 16. und 17. Jahrhunderts wurden zwar vereinzelt Anstrengungen gemacht, mehr über Afrika zu erfahren, aber eine zielbewußte geographische Forschungsarbeit begann eigentlich erst mit dem Zeitalter der Aufklärung gegen Ende des 18. Jahrhunderts. Auch diese konzentrierte sich zunächst auf den Küstenverlauf. Alle Landkarten des frühen 19. Jahrhunderts machen deutlich, daß uns noch vor 150 Jahren so gut wie nichts über das Innere des afrikanischen Kontinents bekannt war.

Ostafrika selbst wurde sehr spät erschlossen. Erst ein Jahr nachdem die Buren ihren Oranje-Freistaat gegründet hatten, sahen sich die ostafrikanischen Stämme zum erstenmal dem »weißen Mann« gegenüber. Der Kalender zeigte das Jahr 1843 an, als die Deutschen Erhardt, Krapf und Rebmann, von der Ostküste kommend, in das Hochland vorstießen. Über die sich daran anschließende Forscher- und Entdeckertätigkeit gibt der folgende Zeitplan Auskunft.

Zeitplan

1843	Erhardt, Krapf und Rebmann stoßen als erste in das Hinterland vor.
1848	Krapf und Rebmann entdecken den Kilimanjaro.
1849	Krapf hat den Mount Kenya gesehen, kann aber nicht zu ihm gelangen.
1857	Burton und Speke verlassen Bagamoyo in Richtung Westen. (Bagamoyo wurde Ausgangspunkt für Expeditionen ins Landesinnere und später vorübergehend Hauptstadt von Deutsch-Ostafrika.)
1858	Burton und Speke erreichen den Tanganjikasee.
1858	Speke entdeckt den Victoriasee bei Mwanza.
1859	Livingstone trifft auf den Njassasee.

1860	Von der Decken begibt sich von Kilwa aus ins Innere Ostafrikas.
1860-1861	Grant und Speke erschließen den südlichen und westlichen Teil des Victoriasees und finden die Virungavulkane.
1860-1864	Livingstone stößt, vom Sambesi kommend, in die Gegend südlich und westlich des Njassasees vor.
1862	Von der Decken ersteigt den Kilimanjaro bis zu einer Höhe von 4280 m.
1863	Speke entdeckt Verbindung zwischen Nil und Victoriasee.
1864	Sir Samuel W. Baker entdeckt die Murchisonfälle.
1867	Livingstone ist am Südufer des Tanganjikasees.
1871	Stanley stößt zu Livingstone in Udjidji am Tanganjikasee. Beide ziehen gemeinsam weiter zum Nordufer.
1872	Livingstone und Stanley in Unjanjembe. Stanley kehrt zur Ostküste zurück. Livingstone zieht weiter Richtung Bangweolosee.
1873	Livingstone stirbt am Bangweolosee. Cameron startet eine Suchexpedition und kommt bis Unjanjembe, wo er die Diener Livingstones trifft, die den Leichnam des Verstorbenen nach Bagamojo bringen wollen.
1874	Cameron kreuzt auf dem südlichen Teil des Tanganjikasees. Er entdeckt den Ausfluß des Sees (Lukuga) und zieht weiter durch den Kongo. Erste Ost-West-Durchquerung des Kontinents.

1875	Stanley fährt in einem Boot in 57 Tagen die Ufer des Victoriasees ab. Er findet im Westen den Eduardsee.
1876	Stanley braucht 51 Tage, um den ganzen Tanganjikasee zu umfahren.
1880	Thompson stößt auf den Rukwasee.
1882	Von Wissmann schafft die erste West-Ost-Durchquerung von Njangwe, über den Tanganjikasee und Tabora bis Saadani.
1885-1887	Lenz am Tanganjika- und Njassasee.
1887	Hans Meyer erreicht am Kilimanjaro eine Höhe von 5500 m.
1887-1888	Graf Teleki und von Höhnel entdecken den Rudolfsee. Sie ersteigen den Kilimanjaro bis zu einer Höhe von 5300 m, den Mount Kenya bis zu einer Höhe von 4700 m.
1888	Meyer und Baumann werden in Usambara von Arabern gefangengenommen.
1889	Meyer erreicht am 6. Oktober den Gipfel des Kilimanjaro (Kibo, 5963 m.) Stanley und Emin Pascha (Eduard Schnitzer) entdecken, daß Albert- und Eduardsee zwei verschiedene Seen sind. Rückkehr nach Bagamoyo.
1890-1891	Emin Pascha und Stuhlmann von Bagamoyo zum Albert- und Victoriasee.
1892-1893	Baumann stößt, von Tanga kommend, durch das Massailand bis zum Ostafrikanischen Graben vor. Er entdeckt den Manyara- und den Eyasisee, findet den Karega, den Quellfluß des Nils, zieht weiter bis Ruanda und kehrt über den Tanganjikasee, Tabora und durch das Massailand an die Küste (bei Pangani) zurück.

1898	Meyer und Platz entdecken am Kilimanjaro neue Gletscher.
1899	Mackinder erreicht den Gipfel des Mount Kenya.
1901	Uhlig und Schieritz ersteigen den Meru.
1907-1908	Adolf Friedrich Herzog zu Mecklenburg unternimmt eine Forschungsreise zum Afrikanischen Graben, zum Eduard- und Albertsee und über Ruwenzori zum Kongo.

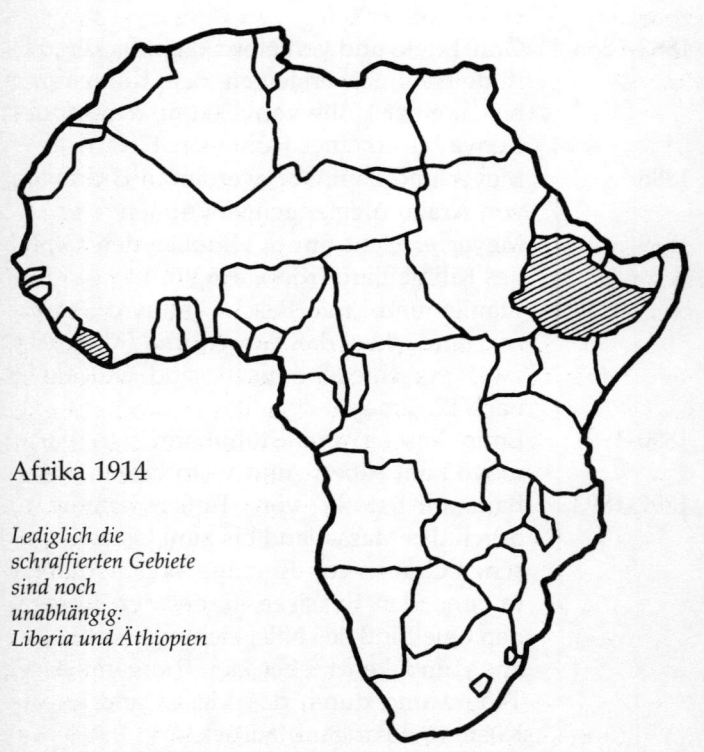

Afrika 1914

Lediglich die schraffierten Gebiete sind noch unabhängig: Liberia und Äthiopien

Kolonisation in Ostafrika

Sobald die Forschungsarbeit weitgehend abgeschlossen war, sahen die Handelshäuser, Schiffahrtsunternehmen und Großmächte Europas ihre Zeit gekommen. Sie begannen, Afrika unter sich aufzuteilen, als handele es sich um herrenlose Vorgärten vor ihrer Haustür. Vielfach war der Wunsch nach Machtzuwachs der Grund für die Inbesitznahme überseeischer Gebiete. So glaubte beispielsweise Frankreich, sein Prestige in Europa nach dem verlorenen Krieg von 1870 durch Kolonisation aufpolieren zu müssen. Portugal berief sich auf jahrhundertealte Ansprüche. Auf dem Wege zum Aufbau eines weltweiten Imperiums sicherte sich England einen wahren Löwenanteil in Afrika. Der Handel mit Waren und Menschen hatte zu blühen begonnen.

Unter allen Kolonialmächten erschien Deutschland als letzte auf der Bildfläche. Bismarck, der gerade die deutsche Nation geeint hatte, stand den Vorschlägen der Handelsherren und Schiffseigner, koloniale Expansionspolitik zu treiben, ablehnend gegenüber Er hielt sie für zu kostspielig und mußte befürchten, daß die Errichtung von deutschen Kolonien in Afrika die europäischen Großmächte, auf deren Wohlwollen das junge Deutsche Reich angewiesen war, verstimmen würde. Erst als durch den Abschluß sichernder Verträge mit den Nachbarstaaten die außenpolitische Lage sich günstig verändert hatte, sah er die Möglichkeit, an dem Wettrennen um die Kolonien teilzunehmen. Er entsandte aber weder Kriegsschiffe noch militärische Expeditionskorps, wie Frankreich dies getan hatte, sondern folgte dem englischen Beispiel: sobald private Kapitalgesellschaften größere Gebiete erworben hatten, stellte er diese unter den Schutz des Reiches. So blieb das Gesicht nach außen hin gewahrt, und es war nur noch eine Frage der Zeit, bis aus den Schutzgebieten regelrechte Kolonien wurden.

Als Anfang der achtziger Jahre des vorigen Jahrhunderts die »Gesellschaft für deutsche Kolonisation« gegründet wurde, hatten die Großmächte bereits so gut wie den gesamten afrikanischen Kontinent nach freiem Ermessen unter sich verteilt. Die Landkarte wies nur noch vereinzelte »herrenlose« Flecken auf. Ein solcher Fleck war das Hinterland Ostafrikas. Der Küstenstreifen unterstand dem Sultanat von Sansibar. In den Gebieten, die heute Ruanda-Urundi, Uganda und Kenia genannt werden, operierten englische Privatgesellschaften mit dem Ziel, einen Streifen der Macht aufzubauen, der vom nördlichen Kairo bis zur äußersten Spitze des Kaps der Guten Hoffnung reichen sollte. Diese Bemühungen der Engländer riefen Herrn Dr. Carl Peters auf den Plan. Aus Mitteln der »Gesellschaft für deutsche Kolonisation« stellte er eine Expedition zusammen, an deren Spitze er 1884 in das Hinterland von Tanganjika eindrang. Schon ein Jahr später konnte er verkünden, daß er von den Häuptlingen verschiedenster Stämme große Gebiete »ordnungsgemäß erworben« habe. Diese Behauptung gefiel und wurde nur zu gern zur Kenntnis genommen. Wem trotzdem moralische Bedenken kamen, der tröstete sich mit dem Gedanken, daß ja schließlich die anderen großen weißen Brüder auf ähnliche Weise zu Reichtümern gekommen waren. »Ordnungsgemäß erwerben«? Wie sah das aus? Im besten Falle so:

Eine wohlgekleidete, gut ernährte Expedition, ausgestattet mit Feuerwaffen neuesten Datums, stößt auf einen Stamm »unzivilisierter« Neger. Freundliche Gesichter auf beiden Seiten. Geschenke werden ausgetauscht. Man hockt sich hin zu Gastmahl und Palaver. Der große weiße Anführer berichtet unter Mithilfe eines schwarzen Dolmetschers, der oft falsch übersetzt und nie ganz richtig verstanden wird, vom weitentfernten Gott-Kaiser, der Schutz gegen den bösen Nachbarstamm anbietet. Das ganze bewohnte und vom Stamm benutzte Gebiet hier müsse allerdings in den Besitz der schutzbietenden weißen Herren übergehen. Als Gegengeschenk wird geboten: soundso viele Ballen Stoff, einige uralte Feuerwaffen nebst wenigen Patronen, ein paar Liter Schnaps, eine Apanage für den Häuptling, und was sonst noch gefällig ist. Würde der große Häuptling liebenswürdigerweise sein Einverständnis vermittels Unterschrift auf dieser Urkunde bezeugen? Was? Der Häuptling ist des Schreibens unkundig? Kein Hinderungsgrund. Sein Zeichen genügt. Und in Ermangelung eines Zeichens tut es auch ein kleines Kreuz. Unter dem allgemeinen Hurra des Ältestenrates malt der Häuptling irgend etwas auf das Stück Papier. Falls ausnahmsweise bei dem nächsten Stamm einmal nicht gelacht wird, drohen die Feuerwaffen. Widersetzt sich der Häuptling dennoch, so wird er in den Busch gejagt. Irgendein williger Verwandter wird kurzerhand zum Häuptling gemacht. Und der neue Häuptling unterschreibt.

Auf diese Weise sind Kaufverträge zustande gekommen, die kein Gericht der Welt anerkannt hätte. Aber es ist ja auch nie ein Gericht danach gefragt worden.

Als Carl Peters im Februar 1885 nach Deutschland zurückkehrte, wurden die von der »Gesellschaft für deutsche Kolonisation« »erworbenen« Gebiete unter den Schutz des Deutschen Reiches gestellt.

Die englische Konkurrenz hatte mittlerweile keineswegs geschlafen. Britische Gesellschaften bemühten sich um das Kilimanjaro-Gebiet. Also reiste Carl Peters eilig wieder nach Ostafrika. 1886 machte er für seine Gesellschaft Rechte auf Gebiete geltend, die ein wahres Riesenreich bedeutet hätten: alles Land zwischen dem oberen Nil und dem Limpopo. Nun wurde es selbst den Regierungen der englischen und deutschen Majestäten zuviel. Sie konnten nicht länger schweigend zusehen und dämmten den Machtrausch ihrer Untertanen Johnston und Peters ein, indem sie im Herbst 1886 auf Regierungsebene zu folgender Vereinbarung kamen:

Die Häfen Daressalam und Pangani werden als Besitz der deutschen Gesellschaft anerkannt.

Die Küste verbleibt beim Sultanat von Sansibar.

Die Grenze zwischen den englisch-deutschen Einflußgebieten wird auf die Linie Umbafluß-Jipesee-Nordflanke des Kilimanjaro-Victoria-See festgelegt.

Durch diese Vereinbarung sahen sich die Araber ihres jahrhundertealten politischen Einflusses und nicht unerheblicher Einkünfte beraubt. Der Handel mit Elfenbein lag mit einemmal in den Händen der Europäer, und der Sklavenhandel sollte abgeschafft werden. Es kam zu einem Aufstand der Araber, der von deutschen Truppen mit Unterstützung der englischen Flotte in den Jahren 1889 bis 1891 blutig niedergeschlagen wurde. Um weitere Unruhen zu vermeiden und endlich klare Verhältnisse zu schaffen, veranstalteten die Regierungen Englands und Deutschlands einen regelrechten Kuhhandel. Am 1. Juli 1890 wurde in einem Vertrag, der als »Helgoland-Sansibar-Vertrag« in die Geschichte eingegangen ist, folgendes festgelegt:

Deutschland erhält von Großbritannien die Insel Helgoland. Als Gegenleistung verzichtet Deutschland auf alle Ansprüche und Rechte im Zusammenhang mit Sansibar. Deutschland gibt alle Ansprüche auf Wituland und Teile der Küste von Somali auf, dafür aber geht die gesamte Küste Deutsch-Ostafrikas in deutschen Besitz über. Für dieses Gebiet, das schon lange zu Sansibar gehörte, erhält der Sultan von Sansibar vom Deutschen Reich eine finanzielle Abfindung

Ich weiß nicht, was in den Köpfen der Europäer damals vor sich gegangen ist. Den Menschen meiner Generation aber muß es als eine Ungeheuerlichkeit erscheinen, wenn ausländische Mächte am grünen Tisch willkürlich über bewohnte Landgebiete verfügten und unter sich verteilten, als handele es sich um außerplanetarische Trabanten ohne jegliche Zivilisation.

In den Jahren nach dem Helgoland-Sansibar-Vertrag brachte es der zum »Reichskommissar« beförderte Carl Peters, der in Deutschland noch heute als großer Kolonialheld gilt, zu einer traurigen Berühmtheit. Unter seinem Regime wurden Menschen wegen geringfügiger Vergehen in Ketten gelegt, geprügelt und erhängt. Weil die Einkünfte aus dem Schutzgebiet zu wünschen übrigließen, belegte man die armseligen Behausungen der Afrikaner mit einer »Hüttensteuer«. Trägerkolonnen wurden unter Vorspiegelung falscher Tatsachen angeworben und oft nicht bezahlt. Wo Arbeitskräfte fehlten, führte man Zwangsarbeit gegen Hungerlohn ein. Der »Schutz des Deutschen Reiches« war zur Ausbeutung geworden.

In seinen eigenen Schriften berichtet Carl Peters davon, daß er Sultane und Häuptlinge in Ketten legte, um ungestört Nahrungsmittel von ihnen stehlen zu können, Dörfer und Felder der »Schwarzen« in Brand stecken ließ, Hinrichtungen anordnete und Frauen aus einem eroberten Dorf als Geiseln mit sich führte. Peters war der Meinung, daß »diesen wilden Söhnen der Steppe schließlich doch nur die Kugeln der Repetiergewehre und der Doppelbüchse, und zwar in nachdrücklicher Anwendung gegen ihren eigenen Körper imponiert haben«. Für Kolonisatoren wie Peters hing die Würde des

Menschen von seiner Hautfarbe ab. Die Überheblichkeit des »Herrenmenschen« ist nicht erst eine Erfindung Hitlers.

Die Gewaltherrschaft der deutschen Administration führte in Tanganjika zu einer ganzen Reihe von Aufständen. Von 1890 bis 1893 rebellierten die Wazaramu. In einem siebenjährigen Krieg wurden die Héhé zwischen 1891 und 1898 niedergeschlagen. Die Tschagga, die sich 1892 auf Grund der Hüttensteuer erhoben, gaben erst auf, als sie 2000 Tote zu beklagen hatten. Überall im Land gärte es. Endlich, im Jahre 1896, begann sich die Regierung in Berlin mit den Unruhen in ihrer ostafrikanischen Besitzung zu beschäftigen. Carl Peters wurde — offensichtlich stellvertretend für viele andere — vor ein Disziplinargericht zitiert und in wenigstens drei Punkten für schuldig befunden: Exekution eines afrikanischen Bediensteten wegen geringfügigen Diebstahls, Vernachlässigung seiner Pflichten in mehreren Fällen und unwürdiges Verhalten im Amt. Er verlor Titel und Pension und wurde aus dem Kolonialdienst entlassen.

Der verlustreichste Aufstand erschütterte Deutsch-Ostafrika im Sommer 1905, als eine große Zahl einzelner Stämme sich zu der »Maji-Maji-Bewegung« zusammenschloß und mit einem bis dahin nicht gekannten Fanatismus die deutschen Truppen angriff. Die Rebellen glaubten unter dem Schutz des von Medizinmännern verzauberten Wassers (Maji) selbst gegen todspeiende Maschinengewehre immun zu sein. Nach verblüffenden Anfangserfolgen wurden sie 1906 restlos vernichtet. Während der Kämpfe und durch anschließende Hungersnöte und Epidemien verloren laut offizieller Mitteilung mehr als 120 000 Afrikaner ihr Leben.

Im Berliner Reichstag wurden die Stimmen, die nach einer Neuorientierung der Politik in den überseeischen

Besitzungen riefen, immer zahlreicher. Ein Kolonialministerium wurde geschaffen. Der erste deutsche Kolonialminister hieß Bernhard Dernburg. Dieser ehemalige Bankier vertrat den Standpunkt, die Europäer seien nach Afrika gekommen, um ihren Industrien Nutzen zu bringen, gleichzeitig aber auch, um den Lebensstandard der afrikanischen Bevölkerung zu heben. Er ermutigte Kapitalisten zu Investitionen, erreichte wirtschaftliche Unterstützung vom Reichstag und baute das Tropeninstitut weiter aus. In Tanganjika wurden Schulen, Krankenhäuser und Straßen angelegt. Das erste Teilstück einer Eisenbahnlinie von der Küste ins Landesinnere reichte bald bis Mombo. Die Verwaltung der Kolonie wurde in die Hände von Zivilisten gelegt. Die Waffen schwiegen.

Man schrieb das Jahr 1907, als eine zunächst kleine Schar von Zweitgeborenen, Abenteurern, Händlern und Landsuchern aufbrach, ihr Glück im Innern des »schwarzen Kontinents« zu suchen. In jenem Jahr machten sich auch Ulrich und Margarete Trappe, junge Eheleute aus Schlesien, mit einer Trägerkolonne vor Mombo aus auf den Weg, um im Herzen Afrikas einen Platz zum Leben und zum Sterben zu finden. Die Endstation dieser Safari hieß Momella.

2. Blatt

Es enthält den Bericht über die Gründerin Momellas, Margarete Trappe, deren Name in Ostafrika zur Legende wurde.

Landsuche Anno 07

Mühsam bahnte sich eine winzig kleine Trägerkolonne ihren Weg durch Savanne, Busch und Urwald. Eine zarte weiße Frau mit fröhlichen Augen und blauschwarzem Haar inmitten der packeselbeladenen Afrikaner hügelanmarschierend, hielt kräftig mit. Auch nach tagelangen Märschen zeigte sie keine Müdigkeit. Manchmal, wenn dichter Wald urplötzlich den Blick auf unendliche gelbe Weiten freigab, eingerahmt von grünen Hügeln, blieb sie stehen, um die überwältigende Schönheit des unberührten Landes in sich aufzunehmen. Im 23. Jahr ihres Lebens war für Margarete Trappe, Tochter des Gutsbesitzers Karl Zehe aus Petersdorf in Schlesien, ein Traum in Erfüllung gegangen: sie war in Afrika!

Weit vorn, aber immer in Sichtweite, ritt Ulrich, ihr Mann, und suchte die Fährte. Das Pferd hatte sie ihm geschenkt. Ein Trostpflaster? Margarete mußte lachen. Der Arme. Ulrich Trappe, bis vor wenigen Monaten noch schmucker Leutnant im Reitenden Artillerieregiment von Podbielski zu Sagan, hatte den bunten Rock ausziehen müssen. Es war ihre einzige Bedingung gewesen, als Ulrich die jüngste der drei Zehe-Töchter um ihre Hand bat. Sie wollte ihr Leben nicht in einer deutschen Garnison verbringen. Sie wollte nach Afrika. Ihr Anteil am väterlichen Erbe diente zur Finanzierung der Reise, und was sonst noch verblieben war, befand sich in klingender

Münze in der großen Schatulle, die einer der Träger auf seinem Kopf trug. Land sollte damit erworben, Vieh angeschafft und ein Gutshaus à la Petersdorf gebaut werden.

Als Ulrich die Flanke des Meru erklommen hatte, hielt er inne. Margarete lief zu ihm. Zu ihren Füßen lag ein Paradies. An die steilen Felsen des 5000 Meter hohen rotgrauen Berges gelehnt, fallen saftiggrüne Hügel zum Fluß hin ab. Busch stößt an Urwald. Auf einem Hochplateau spiegeln zahllose Seen den hellblauen Himmel wider. Links und rechts stürzen Kaskaden von Wasserfällen zwischen die Kronen von Baumriesen. Und alles beherrschend verwehrt ein Berg von überwältigender Schönheit den Blick nach Norden: der Kilimanjaro.

Da gab es keine Wahl, kein Zaudern. Wo soviel Schönheit war, soviel Wasser, Busch, Wald und Weideland, wollten sich die Trappes niederlassen.

Landerwerb war leicht in jenen Tagen. Jeder konnte so viel Land abstecken, wie er wollte. Einzige Bedingung der kaiserlichen Kolonialbehörden: das gewünschte Land mußte vermittels eines festen Stacheldrahtzaunes, für jedermann gut sichtbar, ringsum eingefriedet werden. Die Kosten für die Umzäunung konnten später vom Kaufpreis abgezogen werden.

Die Trappes lichteten den dichten Busch auf einem flachen Stück Land gleich neben einem Wasserfall, stellten auf die neugewonnene Wiese ihr Zelt, steckten ein großes Stück Land ab, gaben den Behörden ihr Claim bekannt, zäunten es ein, bezahlten einen unerheblichen Betrag dafür und waren somit Herren auf Ngongongare. Als sie erfuhren, daß dieses Wort der Merusprache soviel bedeutet wie »Das Auge des Wassers«, behielten sie den Namen bei.

Erst ein Jahr später, auf ihren Streifzügen in die nähere

und weitere Umgebung, bahnten sich Ulrich und Margarete einen Weg durch den scheinbar undurchdringlichen Urwald an ihrer Nordgrenze, der der Kolonialverwaltung gehörte, und stießen auf ein weiteres Paradies: Momella. Indem sie es einzäunten, machten sie auch dieses Gebiet von 6000 acres zu ihrem eigenen.

Wer heute, mehr als 60 Jahre später, den Ngare Nanyuki, den roten Fluß, entlangfährt oder durch die Momella-Hügel streift, die sich gleich neben der neuen Farm und der Boma der Wameru erheben, kann noch immer die alten, knorrigen Hartholzpfähle der ehemaligen Einzäunung sehen. Schwarzverwitterte Zeugen der Pionierarbeit einer Schlesierin, die 1957 ihre letzte, lange Safari antrat.

Das Auge des Wassers

Bevor die Trappes kamen, hielt sich der Stamm der Wameru für den Besitzer dieses Landes, wenn das auch in keinem Grundbuch festgehalten war. Grundbücher sind eine Erfindung der Eroberer, die für die Eingeborenen immer ein wenig wie gekochte Fische aussahen. Die Befürchtungen der Trappes, sich den Feindseligkeiten der Ureinwohner ausgesetzt zu sehen, bestätigte sich nicht. Im Gegenteil: der Häuptling der Meru erschien eines schönen Tages mit Gefolge vor dem Zelt am Wasserfall und brachte Hühner als Geschenk. Ein erster Gruß des Willkommens.

Ulrich Trappe griff in die große Schatulle und erstand in Arusha, Provinzhauptstadt und Warenumschlagplatz damals und heute, eine Herde von Zebukühen. Der Bauernhof am Meru füllte sich mit Leben. Das rief die Massai auf den Plan. Dieser königliche Stamm Ostafrikas, der sein von den Deutschen zugewiesenes Reservat eigentlich nicht verlassen durfte, vermehrte schon seit Jahrhunderten mit der größten Selbstverständlichkeit seinen Besitz durch Viehdiebstähle. Wer von den benachbarten Kikuyu klaut, der kann sich ebensogut am lebenden Kapital der neuen Herren vergreifen. Deshalb waren die Trappes Nacht für Nacht damit beschäftigt in der Viehboma Wache zu halten und die Viehdiebe mit Schüssen in die Luft zu vertreiben.

Ulrich Trappe war ein begeisterter Gärtner. Er legte eine Gemüseshamba an und verwandelte das Land ringsum in blühende Gärten. Margarete kümmerte sich um die Farm und ging auf Jagd, eine Leidenschaft, die sie vom Vater ererbt hatte. Sie ritt oft tagelang im Busch umher. Ihre Pferde hatte sie so abgerichtet, daß sie selbst dann nicht scheuten, wenn sie vom Sattel aus schoß.

In jenen Tagen war das Kraftfahrzeug noch unbekannt in Ostafrika, und Margarete ritt zum Einkauf den weiten Weg nach Arusha. Noch heute gibt es dort alte Leute, die zu berichten wissen, daß Frau Trappe selbst dann nicht vom Pferd stieg, wenn sie ihre Besorgungen machte. Sie ritt einfach in das Geschäft hinein, brachte das Pferd vor dem Ladentisch zum Stehen und gab ihre Bestellungen vom Sattel aus auf.

Im Gebiet des Meru, südlich des Äquators, geht die Sonne Tag für Tag um 6 Uhr auf und überläßt, weiterwandernd, das Land zwölf Stunden später der rasch einbrechenden Dunkelheit. Selbst der arbeitswilligste Pionier muß sich an den Gedanken gewöhnen, daß ihm natürliche Grenzen gesetzt sind und im Verlaufe eines Tages eben nicht alles geschafft werden kann, was er sich vorgenommen hat. So kam es denn wegen der nicht enden wollenden Arbeit auf Ngongongare auch zunächst nicht zu dem geplanten Haus aus Stein. Das unbequem gewordene Zelt jedoch wurde schließlich durch eine Bananenblätterhütte ersetzt.

Im Jahre 1909 erwartete Margarete Trappe ihr erstes Kind. Sie wollte es in der Hütte zur Welt bringen. Aber der Stabsarzt der Schutztruppe erhob Einspruch. Und so kam Ursula, älteste Tochter der Trappes, auf einer nahe gelegenen Mission zur Welt.

Die Hütte aus Bananenblättern mußte einem Heim aus Wellblech weichen, und erst als Stallungen für das Vieh gebaut waren, entstand das Haus aus Stein. Stiere aus Südafrika wurden mit den Zebukühen gekreuzt. Der Erfolg war groß. Die Milchleistung stieg. Margarete Trappe ließ Zentrifugen aus Deutschland kommen. Es dauerte nicht lange, und Ngongongare lieferte wöchentlich einen halben Zentner Butter per Packesel nach Moshi und von da aus an die Küste. Aus dem wuchernden Nichts war eine richtige Farm geworden. Das Steinhaus, keineswegs dem väterlichen Sitz ähnelnd, aber den Bedürfnissen des Landes und der Trappes angepaßt, mußte erweitert werden. 1912 kam der erste Sohn zur Welt, der nach dem Vater Ulrich getauft wurde. Schon ein Jahr später erblickte Rolf das Licht dieser grünen Welt.

Tine, die Schwester, wurde von Schlesien nachgeholt und sah im Haus und bei den Kindern nach dem Rechten. Dies war wohl nötig geworden, denn mehr und mehr zog es Margarete hinaus in den Busch. Aus der Bäuerin von Ngongongare ist in diesen Jahren die große Jägerin geworden, von der noch heute die unglaublichsten Geschichten an den Lagerfeuern tief im ostafrikanischen Busch die Runde machen. Je höher der Stern Margaretes stieg, desto mehr verblaßte in allen überlieferten Berichten die Existenz des Mannes, an dessen Seite sie dieses Land betreten hatte. Von Ulrich Trappe wird lediglich berichtet, daß der Leutnant der Reserve zur kaiserlichen Fahne der Schutztruppe eilen mußte, als Deutschland im Jahre 1914 der Welt den Krieg ansagte.

Vertreibung aus dem Paradies

Vom großen Krieg der verschiedenen Vaterländer war zunächst auf Ngongongare so gut wie nichts zu spüren, außer daß die Massai des Nachts wieder in die Viehboma einzudringen versuchten und von Margaretes Repetiergewehr vertrieben werden mußten. Die hoch aufgeschossenen, würdevollen Herren der Steppe hatten mit Stammesfehden unter den Siedlern nicht gerechnet. Weiß war für sie weiß, und als Südafrikaner und Engländer und Griechen und Deutsche und Russen und Polen nun ihre Türen voreinander verschlossen und an den Grenzen Tanganjikas sogar die eine europäische Armee auf die andere schoß, zerkrümelte der Respekt vor den Eindringlingen wie trockener Ackerboden zwischen den Fingern.

Die ersten Nachrichten von den Kriegsschauplätzen im fernen Europa klangen ermutigend für die deutschen Siedler: Hindenburg hatte die Russen bei Tannenberg geschlagen und ganze Armeen des Gegners gefangengenommen. Ein deutsches Unterseeboot versenkte drei britische Kreuzer. Vormarsch auf Paris. Alles schien ziemlich schnell zu gehen. Aber es gab auch Beunruhigendes: in Arusha kursierten Gerüchte, wonach die anderen deutschen Kolonien in Afrika den Engländern übergeben werden mußten. Immerhin, die Schutztruppe von Deutsch-Ostafrika unter Lettow-Vorbeck hielt stand, und die ersten Meldungen vom europäischen Kriegsschauplatz sprachen von rauschenden Siegen.

Mit jedem neuen Mond wurden die Erfolgsmeldungen aus Europa spärlicher. Die von Mund zu Ohr weitergegebenen Nachrichten wußten mit einemmal von anderen militärischen Begriffen zu berichten: von erstarrten Fronten, Kasemattenkämpfen, Verlusten, siegreichem Rückzug. Und dann Schweigen.

Aus der Steppe von Sanya, die sich wie eine gelbe Matte vor den grünen Hängen des Kilimanjaro ausbreitet, kündete eines Tages eine hochaufsteigende, langgestreckte Staubwolke zahlreichen Besuch an. Es war nicht eine englische Kohorte, wie Margarete Trappe befürchtete, sondern die 9. Schützenkompanie der Schutztruppe, die in das Gebiet am Meru eingezogen war. Momella, das den Trappes bisher als Vorwerk für Ngongongare gedient hatte, wurde ab sofort den Askaris und ihren deutschen Offizieren zum Quartier.

Der Kompaniechef brachte alarmierende Nachrichten. Südafrika hatte den Engländern Truppenkontingente zur Verfügung gestellt. Der südafrikanische General Smuts war zum Oberbefehlshaber der gesamten Streitkräfte in Ostafrika ernannt worden. Die zahlenmäßig weit überlegene Armee des Gegners stand bereits im Kilimanjaro-Distrikt. Jeder Gedanke an Sieg mußte aufgegeben werden. Wenn nicht noch ein Wunder geschähe, könne die Schutztruppe nur noch Armeen des Feindes binden, um sie am Eingreifen in den Kampf in Europa zu hindern. Mehr sei nicht zu machen.

Ungefähr um die gleiche Zeit erfuhr Margarete, daß der Leutnant Ulrich Trappe von einem Scharmützel in der Steppe nicht zurückgekehrt sei. Sie ließ ihr schnellstes Pferd satteln und ritt zu dem deutschen Außenposten, bei dem ihr Mann stationiert gewesen war. Der kommandierende Offizier wußte nichts anderes zu sagen, als daß Ulrich Trappe nicht mit den Überlebenden des Gefechtes zum Lager zurückgekehrt sei und deshalb als vermißt gelten müsse. Mit der größten Lautstärke, die dieser kleinen Person zu Gebote stand, gab Frau Trappe dem adeligen Herrn zu verstehen, was sie von Offizieren wie ihm hielte, und schwang sich wieder in den Sattel, um ihren vermißten Mann im Gebiet des Gegners zu suchen. Der Busch war schließlich ihre Heimat. Sie würde Ulrich schon finden. Frauen im Kriegsgebiet? Etwas Niegehörtes. Ob er wollte oder nicht, der Kommandant mußte sich entschließen, ein Suchkommando zusammenzustellen. Die »Bibi«, wie die Afrikaner die große Jägerin nannten, wäre sonst allein den Engländern entgegengezogen. Am Ort des Gefechts angelangt, konnte Margarete sich davon überzeugen, daß ihr Mann sich nicht unter den Toten befand, die im trockenen Gras zurückgelassen worden waren. Jede weitere Suche nach ihm blieb allerdings erfolglos.

Nicht sehr viel später traf auf der Farm die Nachricht ein, daß der Leutnant Trappe leicht verwundet in englische Gefangenschaft geraten und nach Indien abtransportiert worden sei.

Zwischen Longido und Kilimanjaro, dort, wo heute die aus Kenia einreisenden Touristen aufatmend feststellen, daß Tansania über eine Asphaltstraße verfügt, kam es zu schweren Kämpfen, bei denen die Schutztruppe unterlag. Die Armee des General Smuts brach an dieser Stelle durch und drang in Richtung Arusha vor. Die auf Momella stationierte 9. Schützenkompanie erhielt den Befehl, zur Ostseite des Kilimanjaro auszuweichen, und zog ab.

Für eine kurze Zeit schien die kämpfende Welt der Männer Ngongongare vergessen zu haben. Bald aber würden die Feinde die Farm am Meru besetzen. Frau Trappe beschloß, die 1000 Kühe, Rinder und Stiere ihres kleinen Königreiches nicht in die Hände der Engländer fallen zu lassen. Sie überließ ihre kleinen Kinder Ursula,

Ulrich und Rolf der Fürsorge ihrer Schwester Tine und trieb die große Herde von Zebuvieh quer durch den Busch, parallel zu den einrückenden englischen Truppen in Richtung Kilimanjaro, wo sie die 9. Kompanie vermutete und schließlich auch fand. Die Herde wurde der Schutztruppe übergeben, und Margarete, die jetzt nicht nach Ngongongare heimkehren konnte, blieb bei den Soldaten deutscher und afrikanischer Herkunft.

Als ihr schließlich der Verbleib bei der Truppe verwehrt wurde, und die ganze nördliche Region Tanganjikas schon in den Händen der Engländer war, stellte sich Margarete den Siegern. Der kommandierende englische General hatte schon viel über die couragierte kleine Frau gehört und gab ihr die Genehmigung zur Rückkehr nach Ngongongare. Selbst ihr Pferd und ihre Waffen durfte sie behalten, nachdem sie versprochen hatte, nichts mehr zum Schaden der Engländer zu unternehmen.

Bei ihrer Heimkehr fand sie eine verwilderte Farm vor. Tine und die Kinder waren bei bester Gesundheit und die Boys, fast ausschließlich vom Stamme der Meru, hatten, so gut es ging, weitergearbeitet. Aber es fehlte an allen Ecken und Enden. Von den wenigen Kühen, die sie zurückgelassen hatte, und den paar übriggebliebenen Ziegen konnte Ngongongare nicht existieren. Die Ersparnisse auf der Bank waren beschlagnahmt, und Margarete stand vor einem Berg von Schulden. »Das Auge des Wassers« drohte zu verfallen. Margarete, der kleine Vulkan aus eigenem Anstoß, legte aber nicht die Hände in den Schoß. Sie wurde Wilddiebin. Um ihre niemals das Ziel verfehlende Büchse ranken sich ungezählte Geschichten. Selbst wenn ich die Legende vom lianengleichen Beiwerk befreie, bleibt festzustellen, daß Margarete Trappe einer der besten Jäger Ostafrikas gewesen sein muß. Die Frau von Ngongongare begann Jagd auf alles zu machen, was

Geld brachte: Elefanten, Nashörner, Löwen, Büffel. Inder kauften das Horn des Rhinozeros, weil es, gemahlen und in geringen Dosen eingenommen, die männliche Potenz steigern soll. Englische Offiziere erwarben die Decken der Löwen und das Elfenbein der Elefanten. Selbst das Fett von Flußpferden konnte bei den Massai gegen Ziegen eingetauscht werden. Langsam kam die Farm wieder auf die Beine.

Die Kapitulation des Kaiserreiches und die damit verbundene Kapitulation der Schutztruppe brachten keine Veränderung in das Bild von Ngongongare. Der große Blitz schlug erst zwei Jahre später ein. Ende 1920 wurde Frau Trappe mitgeteilt, daß sie mit ihren Kindern und Schwester Tine unter Zurücklassung ihrer Habe gemeinsam mit allen anderen deutschen Staatsangehörigen Ostafrika verlassen und nach Deutschland zurückkehren müsse. Nach dreizehn Jahren Aufbauarbeit im Busch mußte Margarete Trappe das selbstgeschaffene Paradies verlassen.

Für den, der aus der afrikanischen Weite in ein geschlagenes, zerrissenes Deutschland kam und strahlendblauen Himmel gegen die graue Kälte Europas einzutauschen gezwungen war, konnte es keinen tieferen Sturz mehr geben. Es muß ein Exil in der Heimat gewesen sein.

In Deutschland wartete Ulrich Trappe, aus dem indischen Gefangenenlager zurückgekehrt, auf seine Familie. Er war keineswegs überrascht, als Margarete unverzüglich begann, neue Pläne für Afrika zu schmieden. In Südafrika hatte ein Freund Unterkunft und Arbeit angeboten. Auf einer Schweizer Bank lag Geld, das Margarete vom Großvater geerbt hatte. Der Vermögensverwalter war ebenfalls ein Südafrikaner. Und von Südafrika aus konnte die englische Staatsbürgerschaft beantragt wer-

den. Von dort, und nur von dort war mit englischem Paß
und Geld in der Tasche das verlorene Paradies zurückzu-
erobern.

Momella

Die Rückkehr nach Ngongongare blieb den Trappes für
immer verwehrt. Als sie das zweite Mal in ihrem Leben, nunmehr im Jahre 1925, im Merugebiet Einzug
hielten, war »Das Auge des Wassers« unwiderruflich in
den Besitz eines hohen englischen Offiziers übergegangen. Aber es gab noch Momella. Dieses ehemalige
Vorwerk der Trappe-Farm hatte ein Grieche, glücklicherweise ein Freund aus alten Tagen vor dem Kriege,
gekauft. Er war bereit, es den Trappes wieder zu überlassen. Begreiflicherweise wollte er sein investiertes
Geld zurückhaben. Und da lag das Problem. Ulrich
und Margarete waren mittellos nach Ostafrika zurück-
gekommen. Den englischen Paß hatten sie zwar in der
Tasche. Aber das großväterliche Erbe befand sich nicht
mehr auf der Schweizer Bank. Was war damit geschehen? Die Trappes behaupten, hintergangen worden zu
sein. Nach allem, was ich in Erfahrung bringen konnte,
soll der Vermögensverwalter das Geld zum Erwerb von
eigenen Ländereien benutzt haben. Wenn das den Tatsachen entspricht, dann liegt hier eindeutig Betrug vor,
und es will mir unbegreiflich scheinen, daß Margarete
Trappe, die sonst wie eine Löwin zu kämpfen wußte,
wenn es um ihr Land ging, in diesem Fall keine ge-
richtlichen Schritte einleitete. Halinka, Margarete Trappes Schwiegertochter, hat mir auf meine Frage einmal
mit wehleidiger Stimme geantwortet: »Wir Trappes haben immer Pech mit Geld, und wenn wir schon einem

Menschen unser Vertrauen schenken, werden wir ganz sicher von ihm hintergangen.«

Wie dem auch sei, der griechische Freund erklärte sich mit einem Kaufvertrag auf Abzahlungsraten einverstanden, und die Trappes zogen wieder als rechtmäßige Herren auf Momella ein. Und wieder begann alles, wie es schon vor 18 Jahren am »Auge des Wassers« begonnen hatte. Busch wurde gerodet, ein Zelt zum Wohnen aufgestellt, Vieh angeschafft und ein Wassergraben angelegt.

Während all dieser harten Männerarbeit erwartete Margarete ihr viertes Kind. Trotzdem arbeitete sie nach Kräften mit. Auch auf die täglichen Ausritte wollte sie nicht verzichten, und am Tage der Niederkunft soll sie sogar noch einen Fußmarsch zum Meru gemacht und das Kind beinahe im Wald bekommen haben. Sie schaffte es gerade noch, sich bis zum Zelt auf Momella zurückzuschleppen.

Das vierte Trappekind, später auf den Namen Rosi getauft, kam im Zelt zur Welt. Als das Neugeborene den ersten Schrei ausstieß, geschah das Niegehörte: die Kühe der am Waldrand stehenden Elefantenherde hoben die Rüssel und stimmten mit lauten Trompetentönen in das Geschrei des neuen Erdenbürgers ein.

Großstadtmenschen und Afrikaunkundige haben diese wahre Begebenheit oft mißtrauisch belächelt. Ein Buschmann aber, gleich welcher Rasse und Herkunft, hegt keinen Augenblick Zweifel. Nicht nur ist dieses Ereignis durch noch lebende Augenzeugen belegt, es gehört sogar zu der großen Zahl beobachteter und vermuteter Geschehnisse im Busch, die vom Verstand allein nicht zu erfassen sind, die sich aber ständig wiederholen und Gott sei Dank dazu beitragen, daß bestimmte Rätsel in der Natur auf ewig ungelöst bleiben.

Es ist oft beobachtet worden, daß Elefantenkühe sich im weiten Kreis um die Gebärende stellen und, sobald das neugeborene Elefantenbaby im Gras liegt, ihre Rüssel heben und in lautes Trompeten ausbrechen.

Ein ähnliches Beispiel von Hilfestellung unter den Tieren hat der Wildhüter Ellis im Nationalpark von Nairobi beobachten können. (Bernhard Grzimek hat dieses Erlebnis in seinem Buch ›Grzimek unter Afrikas Tieren‹ angeführt.)

Vor etwas mehr als zehn Jahren sah Ellis eine Gruppe von vier großen Nashörnern, die sich auf eine ungewohnte Weise formiert hatten, aus dem Walde treten. Zwei Nashörner hatten ein Drittes in die Mitte genommen, als müßten sie es stützen. Das Vierte lief hinterher. Das Tier in der Mitte war ganz offensichtlich eine tragende Kuh, die unter Wehen zu leiden schien. Die Gruppe blieb stehen. Eine der Kühe rieb mit ihrem Kopf den gewaltig gewölbten Bauch der Trächtigen. Dann zogen sie weiter, Flanke an Flanke, in den dichten Busch hinein. Nur kurze Zeit danach gab es im Nairobi-Nationalpark ein Nashornbaby.

Auch wenn es zum Sterben kommt, scheinen die wilden Tiere sich manchmal zu helfen. Eine denkwürdige Begebenheit, von Margarete Trappe ausgelöst, mitangesehen und weiterberichtet, macht seit vielen Jahren im Hochland von Tanganjika die Runde. Immer wieder bin ich an Lagerfeuern und in Farmhäusern auf die gleiche Geschichte gestoßen, aber überall wurde sie anders erzählt, angereichert und ausgeschmückt. Ich habe Rolf Trappe befragt, der sie bestätigte und sie mir so erzählte:

»Eines Tages stieß meine Mutter auf eine Herde von fünf Elefanten. Einer davon war ein kapitaler Bulle. Das Elfenbein muß so gegen 90 Pfund gewesen sein. Meine

Mutter pirschte sich nahe heran und schoß zweimal, ganz schnell hintereinander. Der Bulle fiel um, war aber nicht tot. Das muß an dem Kaliber ihres Gewehres gelegen haben, das für Elefanten eigentlich nicht stark genug war. Den Fangschuß konnte sie nicht sofort anbringen, weil die anderen vier Elefanten wilde Angriffe in alle Richtungen führten. Meine Mutter mußte sich verstecken und abwarten. Und da beobachtete sie eben das, was noch nie ein Mensch vor ihr gesehen hat. Die vier Elefanten stellten sich um den, der am Boden lag. Sie knieten nieder und hoben den tonnenschweren Verwundeten mit ihren Rüsseln und Stoßzähnen langsam und mühsam hoch, bis sie ihn auf den Beinen hatten. Er war aber zu schwach zum Laufen. Deshalb nahmen sie ihn in ihre Mitte. Sie drückten ihre Flanken gegen den Angeschossenen und führten ihn langsam weg. Meine Mutter mußte auf Nachsuche gehen, um dem waidwunden Bullen ein qualvolles, langsames Sterben zu ersparen. Sie fand die Gruppe wieder, als sie den Sterbenden unter großen Mühen zu einem Wasserloch führen wollte. Sobald eine lichte Stelle in dem hohen Gras einen sicheren Schuß zuließ, konnte meine Mutter den Fangschuß anbringen. In der Mitte seiner Helfer sackte der große Bulle tot zusammen. Seine vier Freunde griffen nicht mehr an, sondern flüchteten in den Busch.«

Ein anderes Ereignis, das in den Bereich des Unfaßbaren gehört, habe ich selbst beobachten können.

Seit Jim Mallory und ich begannen, die Momella Game Lodge aufzubauen, hatten wir Schäferhunde. Manchmal bis zu achtzehn. Von irgendwoher, ich weiß es nicht mehr genau zu sagen, hatten wir Tobi den Rüden und die Hündin Diana bekommen. Sie waren beide sehr schön und vermehrten sich unentwegt. Nach jedem neuen Wurf erschienen die Löwen am Hundezwinger und mußten von uns vertrieben werden. Wenn eine Büffelherde nachts den Zaun der Lodge durchbrochen hatte und dabei war, unsere ersten, mühselig gepflanzten Blumen abzufressen, kämpften Diana und Tobi Seite an Seite so lange gegen diese dunklen Ungetüme an, bellten so laut, hängten sich mit fletschenden Fängen so lange an die Knöchel oberhalb der Hinterhufe, bis die ganze Masse der Kaffernbüffel donnernd auf der anderen Seite der Lodge die Umzäunung niedergerissen hatte und fluchtartig in Richtung Silbersee verschwunden war.

Tobi wurde auch zum Lehrmeister seiner Nachkommen bei den ständig wiederkehrenden Kämpfen mit den Wasserböcken. Nicht immer waren die Schüler so begabt, klug und wendig wie der alte Rüde selber. An solchen Tagen mußten wir dann einen toten jungen Hund, der aus allen Wunden blutete, zur Lodge zurücktragen. Tobi jedoch wurde alt und älter. Sein genaues Alter wußte niemand zu nennen. Als ihn das Rheuma kaum mehr auf die Beine kommen ließ, brachte er es noch einmal fertig, mit Diana einen neuen Wurf von Hundebabies zu produzieren.

Aber Tobi war nicht mehr anzuschauen. Das Fell fiel ihm aus und hinterließ offene, fleischigrote Wunden. Die Gelenke schwollen an. Die Zähne waren ihm ausgefallen. Wenn er sich bewegen mußte, winselte er vor Schmerzen. Tobi war ein Bild des Jammers. Als ich einmal von mehrmonatiger Filmarbeit wieder nach Hause kam, machte ich meinem Freund Jim Vorwürfe, weil er dem alten Kerl noch nicht den Gnadenschuß versetzt hatte. Jim ging schweigend ins Haus, gab mir seinen englischen Armeerevolver und sagte: »Ich hab's nicht fertiggebracht. Versuch du es.«

Am nächsten Morgen, als ich mit Tobi vor Sonnenaufgang in den Wald gehen wollte, lag der Rüde auf der Veranda meines Bungalows zusammengerollt vor meiner Tür und sah mich von unten herauf durchdringend an. Ich ging über den Rasen zum großen Tor und pfiff nach dem Hund. Sofort kam er, wenn auch hinkend, hinter mir her. Da, wo der alte Pfad von der Sandstraße abbiegt und in den Akazienwald führt, blieb Tobi wieder liegen und sah mich abermals mit dem gleichen, zu Herzen gehenden Blick unverwandt an. Ich kehrte in Jims Haus zurück und legte die Pistole schweigend auf den Tisch.

Tobi lebte noch gut zwei Jahre. Wir flehten jeden White Hunter, der auf Momella übernachtete, an, Tobi in den Hundehimmel zu befördern. Immer wurde es versprochen und immer wieder, aus den gleichen Gründen nicht getan.

Bei den Bomas der afrikanischen Stämme im Hochland von Tanganjika gibt es keine Friedhöfe. Wer stirbt, braucht nicht beerdigt zu werden. Die Leichenbestatter Afrikas heißen Hyäne, Schakal und Aasgeier. Von den Massai sagt man, daß sie ihre Schwerkranken verstoßen. Sollte trotzdem ein Massai in der Hütte sterben, so wird die Leiche vor den Eingang der Boma gelegt. Hyänen und Geier erledigen den Rest. Bei anderen Stämmen ist es üblich, daß der Kranke oder Alte freiwillig die Ansiedlung verläßt, wenn er seine letzte Stunde nahen fühlt. Ohne Nahrung oder Wasser setzt er sich weitab im Wald unter einen Baum und wartet. Nicht lange, nachdem er tot zur Seite gesunken ist, kommen die Hyänen.

Als es zum Sterben kam, verhielt sich der alte Tobi nicht anders. Unbemerkt von uns Momella-Leuten hinkte er eines Tages aus dem Tor und verschwand im Wald. Erst am Abend entdeckten wir seine Abwesenheit. Als er am nächsten Nachmittag noch nicht zurück war, gingen wir ihn suchen. Tobi lag tot unter einem Baum. Eine

Hyäne versperrte uns den Weg. Mit Steinwürfen vertrieben wir das stinkende, zottige Tier und trugen Tobi nach Hause.

Doch ich bin vom Thema abgekommen. So geht es dem Buschmann nun mal, wenn er von Tieren erzählt. Er kommt vom Hundertsten ins Tausendste. Also zurück zum Momella des Jahres 1925.

Rosi war, wie gesagt im Zelt geboren worden, und die Elefanten hatten der Mutter Beistand geleistet. Von diesem Tage an genossen Elefanten Gastrecht auf Momella. Es ist übrigens bis heute so geblieben, daß diese größten aller lebenden Landtiere zwischen den Häusern hindurchlaufen und ungestört alles abfressen dürfen, was ihnen in die Quere oder vor den Rüssel kommt. So etwas kann einer Farm natürlich nicht sehr guttun, aber Margarete schoß nicht mehr auf ihre Lieblinge und ließ es auch nicht zu, daß andere es taten. Das galt allerdings nur für Momella. Jenseits der Farm wurde das Waidwerk noch lange betrieben. Um den langsam immer unwichtiger werdenden Farmbetrieb aufrechterhalten zu können, organisierte Ulrich Trappe Jagdsafaris für zahlende Gäste, die von seiner Frau geführt wurden. Fürsten, Gelehrte und reiche Kaufleute aller Herren Länder unterstellten sich gerne der Leitung dieser erfahrenen Jägerin, wenn es darum ging, dem verschwiegenen Afrika die ersehnten Trophäen abzujagen.

Um 1926 entstand das erste Steinhaus auf Momella. Es steht heute noch in fast unveränderter Form da.

Im Jahre 1928 reiste Margarete Trappe nach Deutschland, um sich von Ulrich scheiden zu lassen. Die beiden hatten sich im Laufe der Jahre auseinandergelebt. Sie waren sich wohl auf Grund der Verschiedenartigkeit ihrer Charaktere und Interessen immer fremder geworden.

Von nun an lebten Margarete und ihre vier Kinder allein auf Momella, ständig umhegt von Tine der Schwester. Und wieder werden finanzielle Nöte erwähnt, »erdrückende Schulden«. Das Deutsche Reich scheint eine gewisse Summe als Entschädigung für die von den Engländern konfiszierte Farm bezahlt zu haben, aber offensichtlich reichte dieser Betrag nur aus, einen Teil des Schuldenberges abzutragen. Die Söhne Ulrich und Rolf kümmerten sich um die Farm, während Margarete weiter Jagdsafaris führte, bis sie es nach sechs Jahren endlich einmal wieder geschafft hatte: Momella war schuldenfrei.

Glückliche Jahre kehrten in die Farm am Meru zurück. Der kleine Betrieb trug sich selbst. Margaretes Safaris wurden die berühmtesten weit und breit. Auf Momella wimmelte es von Elefanten, und selbst die Zahl der Nashörner, die fast im Aussterben begriffen waren, nahm allmählich wieder zu. In Momella war das Lachen wieder eingezogen.

In den Bomas der Massai, Meru und Warush erlangte Margarete in jenen Jahren den Ruf einer großen weißen Zauberin. In der Vorkriegszeit hatte sie von den Veterinären der deutschen Schutztruppe viel gelernt. Auch die einheimischen Stämme hatten ihre Kräuter, Heilmittel und jahrtausendealten Methoden, die sie an Margarete Trappe weitergaben. Bald konnte ihr kein Veterinär mehr etwas vormachen. Alle Rinderfarmer der näheren und weiteren Umgebung, gleichgültig ob weiß oder schwarz, schickten nach Margarete, wenn ein Tier erkrankt war. Zu jeder Tages- und Nachtzeit legte sie die weitesten Strecken reitend zurück, um zu helfen. Mehr als einmal gelang es ihr, längst aufgegebene Massai-Kühe ins Leben zurückzurufen und sie in wenigen Tagen wieder auf die Beine zu stellen. Die Massai glaubten fortan an einen Zauber, und die europäischen Farmer sprachen von Margaretes Wunderhänden. Sie kurierte auch Menschen, wenn ein Kranker nicht transportfähig war oder der nächste Arzt in Arusha nicht rechtzeitig erreicht werden konnte. Und nachdem sie einmal in einen Löwenbau gekrochen war und dort Löwenbabies gestohlen hatte, und ein andermal sich mitten in eine Elefantenherde gewagt hatte, um einem Elefanten ein Schwanzhaar auszuziehen, da stieg ihr Ruf ins Unermeßliche. Die »Bibi«, die Frau von Momella, verfügte über einen Zauber, der alles möglich machte.

So stand es auf Momella, als sich wieder einmal drohende Wolken am politischen Himmel zusammenzogen.

Verfall

Es wird nicht mehr lange dauern, bis die politischen Ereignisse in einzelnen afrikanischen Staaten auch das Tagesgeschehen Europas beeinflussen werden. Damals, in den dreißiger Jahren, konnte von einer Wechselwirkung noch keine Rede sein. Die Auswirkungen politischen Geschehens waren einseitig: Afrika begann sehr deutlich zu fühlen, was sich in Europa veränderte.

Als Hitler die Macht in Deutschland an sich riß und gemeinsam mit Mussolini daranging, Europa zu terrorisieren, verspürten die Trappes im fernen Momella den Machtwechsel und die europäische Unruhe wie schmerzhafte elektrische Stromstöße. Es begann damit, daß unter den wenigen Europäern im Lande das Mißtrauen gegen die Trappes wuchs. Waren sie nicht in Deutschland geboren? Und sprachen sie nicht immer noch deutsch, wenn sie unter sich waren? Einmal Deutscher, immer Deutscher. Daran ändert auch der englische Paß nichts. Die eigenen Landsleute hingegen bestaunten aus der Ferne das, was sich »Großdeutschland« nannte, bildeten sich ein, endlich wieder etwas zu haben, worauf sie stolz sein konnten, und betrachteten die englische Nationalität der Familie Trappe fast als eine Art Verrat am Vaterland.

So standen die Dinge, als Deutschland zum zweitenmal in diesem Jahrhundert mit brutaler Gewalt über seine Nachbarn herfiel und einen weltweiten Krieg vom Zaune brach. Die Leute auf Momella, die sich unter großen Mühen aus unberührtem Busch ihre eigene friedliche Welt geschaffen hatten und diese als ihre eigentliche Heimat betrachteten, mußten nun erneut für die Sünden des fernen Vaterlands bezahlen.

Ulrich, der älteste Sohn, hatte sich nie um einen englischen Paß bemüht und wurde als erster der Familie in ein Internierungslager gebracht.

Tine, die Schwester, ebenfalls Reichsdeutsche, ereilte das gleiche Schicksal.

Tochter Ursula, durch Heirat mit einem Deutschen wieder Deutsche geworden, ging als nächste den Weg ins Lager.

Rolf, der sich nicht entschließen konnte, in englischer Uniform gegen das Land seiner Vorfahren anzutreten, wurde in ein weitab gelegenes Lager gebracht.

Rosi, die Jüngste, besuchte in Arusha die Internatsschule und blieb als einzige ungeschoren.

Margarete Trappe sollte nicht lange allein auf Momella zurückbleiben. Die englische Nationalität erwies sich nicht als ausreichender Schutz. Kurz nach Rolfs Abtransport mußte auch die alte Löwin das Schicksal ihrer Kinder teilen. Die letzte der Familie kam hinter Stacheldraht.

Jahre gingen dahin, und das Bild auf den Kriegsschauplätzen in Europa und Nordafrika wandelte sich. Die letzten deutschen und italienischen Truppen räumten

Tunis. Stalingrad hatte das Rückgrat der Hitler-Armeen gebrochen. Das nationalsozialistische Reich begann zu verbluten.

Ungefähr um diese Zeit, im Jahre 1943, durften Margarete und Rolf nach Momella zurückkehren. Rosi, deren Schulzeit zu Ende gegangen war, kam mit ihnen.

Fassungslos standen sie vor den Trümmern ihres Paradieses. Hausrat und Viehherden waren zwangsversteigert worden. Die alten treuen Boys hatten zwar nach bestem Wissen das Nötigste instand gehalten, von den zwangsweise eingesetzten Verwaltern jedoch war so verantwortungslos gewirtschaftet worden, daß die Trappes bei ihrem dritten Neubeginn außer dem Land nichts als Schulden übernahmen.

Der Farmer in Afrika ist nicht leicht zu entmutigen. Er ist an Rückschläge gewöhnt. Wenn Elefanten den lebenswichtigen Wassergraben zertrampeln, muß er eben neu gezogen werden. Was Büffel abfressen, wird wieder gepflanzt. Und wenn eine Seuche unter den Rindern wütet, muß auch das ertragen werden. So nahmen die Trappes auch dieses unverschuldete Schicksal auf sich und machten sich an den Wiederaufbau. So fröhlich wie einst aber konnten sie nicht mehr sein. Der Blick in die Zukunft war getrübt. Über Momella hingen Gewitterwolken.

So gut wie gleichzeitig mit der bedingungslosen Kapitulation des Hitler-Reiches im Jahre 1945 traf der Ausweisungsbefehl für die gesamte Familie Trappe auf Momella ein. Ein zermürbender Kleinkrieg mit Anwälten und Behörden begann. Die Hilfe einflußreicher Engländer konnte diese Ungerechtigkeit noch einmal abwenden. Die Ausweisung wurde zurückgenommen.

Einmal gab es einen Lichtblick. In Tengeru, zwischen Momella und Arusha, wurden junge Polen in einem Flüchtlingslager untergebracht. Unter den frisch nach

Afrika Umgesiedelten war ein junges, hübsches Mädchen, Halinka. Rolf Trappe sah sie, verliebte sich in sie und heiratete sie. Auch dieses junge Glück wurde durch Entscheidungen anderer getrübt. Nach sechsmonatiger Ehe mußte Rolf im Zuge der Ausweisung der letzten Deutschen Tanganjika verlassen. Ulrich und Ursula Trappe waren gar nicht erst zum Meru zurückgekehrt. Schon 1947 hatte man sie vom Internierungslager aus zwangsweise nach Deutschland zurückgebracht. So blieben denn lange Zeit drei Frauen allein in Momella zurück: Margarete, Rosi und Halinka.

Das Heilmittel in dieser traurigen Lage war die Zeit. Wer in Afrika lebt, hat viel davon. Und wer warten kann, muß gewinnen.

Rolf kam zurück und übernahm die Waffen seiner Mutter. Er wurde White Hunter.

Nachdem Europa den Schutt und einen Teil der hergebrachten Vorurteile aus dem Weg geräumt hatte und sich anschickte, eine neue Zukunft aufzubauen, kamen auch wieder die ersten Gäste nach Tanganjika und gingen mit Rolf auf Safari. Halinka übernahm die Leitung der Farm. Margarete half hier und dort noch ein wenig mit. Aber jagen wollte sie nicht mehr. Die Stammutter Momellas war müde geworden. Sie hatte noch das Glück, mit ihren Enkeln Rikki und Butschi spielen zu können, und sie, noch bevor sie recht laufen konnten, in die Geheimnisse des Reitens und Jagens einzuweihen. Am 5. Juni 1957 starb Margarete Trappe. Ebenso wie das Leben dieser ungewöhnlichen Frau, wurde auch die Stunde ihres Todes zu einer afrikanischen Legende. Bettlägerig geworden, hatte sie sich drei Tage lang gegen den Tod gewehrt. Während der ganzen drei Tage stand eine Elefantenherde vor dem Haus am Rande des Urwaldes. Der Leitbulle war bis auf wenige Schritte an das Fenster ihres Sterbezimmers herangekommen. Dort verharrte er, bis Margarete gestorben war. Erst dann ging er zu den andern zurück und führte die Herde in den Wald hinein.

Margarete wurde auf der Trappe-Farm beerdigt. Am nächsten Morgen entdeckte Rolf zahllose Abdrücke riesiger Säulen rings um das Grab. Die Elefantenherde hatte in der Nacht einen letzten Besuch abgestattet. Der frischaufgeworfene Hügel war unberührt geblieben.

3. Blatt

Es enthält die Schilderung meiner ersten Begegnung mit Tanganjika und Momella.

Eine Frau für ein ganzes Leben

Drei Jahre nach Margarete Trappes Tod machte ich mich auf den Weg nach Momella. Mein Einzug stand unter den Zeichen eines Zeitalters, das mit der Geschwindigkeit von Raketen der Zukunft entgegenraste. Waren Ulrich und Margarete Trappe noch per Dampfboot, Eisenbahn und langwieriger Fuß-Safari in das Land am Kilimanjaro vorgestoßen, so ging 53 Jahre später für mich alles sehr viel schneller vor sich. Ich bestieg ganz einfach in Rom ein Flugzeug und traf nach einer Zwischenlandung in Khartum, vielen Zigaretten und einigen Drinks elf Stunden später in Nairobi ein. Zwar gab es damals schon Düsenflugzeuge auf den wichtigeren Flugstrecken der Welt, Afrika jedoch wurde noch mit den über Nacht alt gewordenen Propellermaschinen beflogen. Eine viermotorige Bristol-Britannia, in den Reiseprospekten als »flüsternder Riese« gepriesen, trug mich nach Ostafrika. In Nairobi wartete ein Mercedes mit einem afrikanischen Fahrer in Khaki-Uniform und dem Pressechef der amerikanischen Filmgesellschaft Paramount Pictures Corporation. Weitere fünf Stunden später traf der Schauspieler Krüger zwecks Mitwirkung an dem Tierfänger-Film »Hatari« in Arusha ein. Bequemer ging's nicht.

An jenem Tag konnte ich noch nicht ahnen, daß nur dreißig Meilen weiter ein Stück Land lag, das mich in seinen Bann zwingen und mir zur neuen Heimat werden sollte. Mein Blick war noch von Europa getrübt. Ich hatte gerade den französischen Film »Taxi für Tobruk« beendet und war von einer Arbeit in die andere katapultiert worden. Zwar nahm ich die transparente Bläue des afrikanischen Himmels wahr, begegnete staunend den buntgekleideten schwarzen Menschen, sah die Bananenstauden, Kaffeeplantagen, Maisfelder und die grünen Hügel vor dem Mount Meru, erlebte den rotglühenden Ball der Sonne morgens um sechs — aber meine Seele war noch in Europa. Außerdem hatte ich meine eigentliche Welt noch nicht verlassen, die Welt meiner Arbeit. Die ersten Tage waren pausenlos ausgefüllt mit vorbereitender Tätigkeit. Ich gehörte, wie stets, dem hektischen, bienenfleißigen Apparat einer Produktionsfirma, die sich für einen Multi-Millionen-Dollar-Film präparierte. Drehplanbesprechungen, Kostümproben, Einweisung in die technischen Eigenschaften des speziell hergerichteten Jeeps, theoretische Unterrichtsstunden im Tierfang, Cocktails, um sich gegenseitig kennenzulernen, Leseproben, allmähliches Herantasten an die neue Rolle, und natürlich auch Publicity-Arbeit. Die kleine afrikanische Stadt Arusha wimmelte von Reportern und Fotografen aus allen Ecken der Welt.

Eine sehr charmante und ebenso resolute Fotografin aus Paris hatte mich für einen Nachmittag »gebucht« und fuhr mich auf der Asphaltstraße nach Westen. Gut eine halbe Stunde später bog sie in den Busch ab und folgte einer roten Sandspur. Unversehens tauchte eine niedrige Lehmhütte mit einem Grasdach auf. Ein kleines Kreuz aus knorrigen Ästen, an den Dachfirst genagelt, ließ eine Buschkirche vermuten. »Kein Gotteshaus«, widersprach Jeannette, »eine katholische Missionsschule.« Weit und breit war keine menschliche Ansiedlung zu sehen, und ich fragte mich, wo denn die Schüler für diese Schule herkämen. »Da vorn«, meinte die Fotografin, und fuhr mich zu einem Kral aus langgestreckten Hütten. Auf dem freien Platz zwischen den Wohnstätten aus Lehm und Kuhmist hockten drei alte und ein jüngerer Mann, in ein primitives Brettspiel vertieft. Der Jüngere erhob sich bei unserem Anblick. Nach Art der römischen Krieger hob er die Rechte zum Gruß und rief uns ein lautes »Jambo« entgegen. Die drei Alten gruppierten sich hinter dem, der offensichtlich ein Häuptling war. Das perfekte Bild eines Empfangskomitees. Ich bot Zigaretten an, die gern genommen wurden. Mein Dunhill gab Feuer, und Jeannette fotografierte uns aus allen möglichen und unmöglichen Winkeln, am Schluß sogar flach auf dem Boden liegend, was eine Welle der Heiterkeit bei den würdevollen schwarzen Herren auslöste. Jeannettes Fotoapparate schienen etwas Neues für sie zu sein. Neugierig betrachteten sie die kleinen schwarzen Kästen. Ich zeigte ihnen, daß man ein Bild sehen kann, wenn man von oben in eine Rollei schaut. Damit konnten sie nichts anfangen. Der Häuptling erkannte nicht den Zusammenhang zwischen dem Bild im Sucher und dem Gesicht des anvisierten Stammesbruders. Was ihn weitaus mehr interessierte, war mein Feuerzeug. Immer wieder mußte ich es aufspringen lassen. Schließlich legte ich es als Geschenk in die lehmverschmierte schwarze Häuptlingshand. Ungläubiges Staunen war die Folge. Ein zwölf- bis vierzehnjähriger Junge gesellte sich zu uns und sprach uns auf englisch an. Offensichtlich war er ein Schüler des Missionars in der kleinen Hütte weiter drüben im Busch. Der Junge erklärte den Männern, daß mein Feuerzeug ein Geschenk sei. Der Häuptling legte beide Hände flach auf meine Schultern und sah mir lachend in die Augen. Dann rief er laut nach seinen Frauen. Schüchtern und verlegen kichernd schoben sich fünf junge Frauen aus der Hütte und stellten sich neben dem türlosen Eingang auf. Zwei davon hatten kleine feste Brüste. Sie schienen noch halbe Kinder zu sein. Die Brüste der anderen hingen lang und flach am Körper, was bei vielen Stämmen als Schönheitsideal gilt, wie mir später gesagt wurde. Alle hatten ihre Köpfe kahl geschoren und waren lose in ein braunrotes Tuch gekleidet. Im Grunde waren sie nackt.

Mit einer weitausholenden Bewegung seines langen Armes deutete der Häuptling auf seine Frauen und sagte ein paar Worte. Der Missionsschüler übersetzte: »Du bist Gast in unserer Boma, und mein Haus soll dein Haus sein. Mein Posho (ein Maisgericht) ist dein Posho, und meine Frauen sind deine Frauen. Wähle eine davon und genieße sie in meiner bescheidenen Hütte.«

Jeannettes Fotoapparat machte Klick vor meinem ratlosen Gesicht. Verwirrt blickte ich in die Runde und auf meine Fußspitzen. Was tun? Meine Ablehnung eines so großzügigen Gastgeschenks würde sicher als Beleidigung empfunden werden. Die ständig knipsende Jeannette konnte sich nicht lassen vor Freude. Schadenfroh kam hinter ihrer Leica die Frage hervor: »Na, edler Paris, auf welche der Grazien fällt Ihre Wahl?« In der Hoffnung, daß der Missionsschüler nur Englisch als Fremdsprache zur Verfügung hatte, wünschte ich die Fotografin auf französisch zum Teufel und machte sie darauf aufmerksam, daß ich sie jederzeit, gewissermaßen im Austauschverfahren, dem Häuptling zur Verfügung stellen könne. Und dann hatte ich einen Einfall. In wohlgesetzter Rede bedankte ich mich für soviel Großzügigkeit, fügte aber mit dem Ausdruck außerordentlichen Bedauerns hinzu, daß ich mich nicht in der Lage sähe, dieses Zeichen der Freundschaft anzunehmen, da ich einem Stamm angehörte, der mir nur eine Frau gestatte, und dies für ein ganzes Leben.

Während der Missionsschüler übersetzte, traf mich schmerzlich die Ironie dieser Stunde, der doppelte Boden meiner Lüge aus Verlegenheit. Eine Frau für ein ganzes Leben! Im New Arusha Hotel wartete Reni, meine Frau seit vielen Jahren. Es war eine glückliche Ehe gewesen. Und dann war sie zu Ende gegangen. Wir wußten beide, daß es keine gemeinsame Zukunft für uns mehr gab, und wir hatten es uns auch eingestanden. Nun war sie nach Afrika mitgekommen, weil wir uns diese Reise als ein Heilmittel dachten. Verzweifelt versuchten wir zusammenzuhalten, was nicht mehr zusammenzuhalten war. Irgendwann würden wir uns für immer trennen. Sie würde sicher bald einen anderen Mann neben sich haben und ich eine andere Frau.

Der Junge von der Mission hatte seine Übersetzung beendet. Nun war es an den Afrikanern, ratlos zu sein. Im Schweigen der nachmittäglichen Hitze konnte ich nur das dicke Summen von Fliegen hören. Dann kam ein Lachen. Ein lautes, röhrendes Lachen. Der Häuptling wurde förmlich davon geschüttelt. Der Rat der Alten lachte mit und auch die fünf Frauen stimmten ein. Nur der Schüler blieb stumm. Die Hände der Männer hoben sich. Schwarze Finger zeigten auf mich. Die prustend ausgestoßenen Worte brauchten mir nicht übersetzt zu werden. Es war ganz klar: ich wurde ausgelacht für meine Zugehörigkeit zu einem Stamm, der so dumme, weltfremde und nie gehörte Gesetze haben konnte, wie ›nur eine Frau für ein ganzes Leben‹.

Als die vergrößerten Aufnahmen dieser Begegnung am nächsten Morgen vorgelegt wurden, zeigte sich die Presseabteilung der Paramount mit Jeannettes Arbeit äußerst zufrieden.

An jenem Tag . . .

Die kleine Regenzeit hatte nicht stattgefunden. Das Gras ringsum war gelbbraun verbrannt. Lange Risse zogen sich wie klaffende, vertrocknete Wunden durch die durstige Erde. Die meilenweit auseinandergezogene Autokolonne der Filmgesellschaft wirbelte rötlichgelbe Staubfahnen hinter sich her. Es war ein Sonnabend, die Vorbereitungen galten als abgeschlossen, und auf dem Arbeitsplan hatte gestanden: »7.30 Uhr Abfahrt zur Besichtigung des Drehortes Momella und Einweisung in die dortigen Gegebenheiten.«

Wir fuhren auf derselben Staubstraße, die die Familie Trappe zu Fuß, zu Pferde und im Landrover fünfzig Jahre lang benutzt und wahrscheinlich sogar angelegt hatte. Doch davon ahnte ich damals noch nichts. Die Namen Trappe und Momella waren mir völlig neu. Von den Trappes hörte ich zum erstenmal, als wir den dunkelgrünen, feuchtkühlen Regenwald durchquert hatten und an einem abzweigenden Fahrweg ein kleiner Richtungspfeil verkündete: Trappe-Farm. Ein amerikanischer Kameramann, der mit mir fuhr und schon ein paar Wochen vor mir in Arusha angekommen war, deutete auf das kleine gelbe Schild und sagte: »Landsleute von Ihnen. Die freuen sich bestimmt, wenn Sie sie mal besuchen.«

Der schmale Weg vor mir stieg steil hügelan, so steil, daß ich den Jeep auf den ersten Gang zurückschalten mußte. Auf der Kuppe angekommen, brachte ich den Wagen abrupt zum Stehen. Alle Farben dieser Welt breiteten sich auf einem riesigen, gewellten Teppich vor mir aus. Ein Land lag mir zu Füßen, von einer Schönheit und Friedlichkeit, die ich mit Worten nicht beschreiben kann. Auch wenn ich hundert Jahre alt werden sollte, werde ich noch in meiner letzten Stunde nach Worten suchen müssen, die wiedergeben können, was ich empfand, als ich den Kilimanjaro aus einer endlosen Steppe aufsteigen sah. Nur soviel kann ich heute wiedergeben: vor diese Wunder der Natur gestellt, fühlte ich, wie klein ich war als Mensch, als Eindringling, und wie groß, weil mir das Eindringen nicht verwehrt wurde.

An jenem Tage wurde der Geschichte Momellas ein neues Blatt hinzugefügt. Das alte Land füllte sich mit neuem, wenn auch einem zunächst völlig anders gearteten Leben. Fleißige Männer hatten dreimeterhohen Busch gerodet. Architekten, Handwerkern und Technikern war es gelungen, ein weißes afrikanisches Farmhaus mit einem rustikalen Dach aus Bananenblättern aufzubauen, das so aussah, als hätte es schon immer hier gestanden. Vor dem großen Gebäude lagen, auf weiter Fläche verteilt, roh gezimmerte Gehege aus Baumstämmen für wilde Tiere, die zunächst nur von zwei zahmen oder halbzahmen Löwen, einem Büffel und einem Zebra bewohnt wurden. Was da noch an Affen, Nashörnern, Straußen, Elefanten, Böcken, Hyänen, Wildschweinen und Giraffen fehlte, würden wir Schauspieler im Verlauf der Dreharbeiten während der nächsten Monate fangen, so wurde uns gesagt. Die Dekoration stand. Die Arbeit konnte beginnen.

Es ist schon wahr, daß kleine Ursachen weitgreifende Veränderungen auslösen können. Man hatte mir einen funkelnagelneuen Jeep Stationwagon für die Fahrten vom und zum Drehplatz und auch zur privaten Benutzung zur Verfügung gestellt. Gleichzeitig hatte man mich aber auch gebeten, die nicht motorisierten Kollegen auf dem Rückweg nach Arusha in meinem Wagen mitzunehmen, was auch geschah. Ich war absichtlich früh und als erster von Momella aufgebrochen, um die Tiere in diesem wildreichen Gebiet noch am Wege anzutreffen. Im

Regenwald lief mir denn auch wie bestellt eine Gruppe wilder Hunde vor das Fahrzeug. Der bunte Haufen meiner Begleiter lärmte und sang und zeigte keinerlei Interesse. Auf der Fahrt durch Ngongongare stieß ich auf eine Herde herrlicher großer Giraffen mit drei Kälbern in ihrer Mitte. Als ich den Jeep zum Stehen brachte, um in Ruhe beobachten zu können (schließlich kannte ich Giraffen nur aus dem Zoo), erhob sich hinter mir Protestgeschrei. Erschreckt stoben die Giraffen davon. Ich wollte ihnen in den Busch folgen, aber Elsa Martinelli hinderte mich daran. Sie bat mich flehentlich, direkt und ohne Umwege nach Arusha zurückzukehren, wo sie ein Haus gemietet hatte und für den Abend eine Party vorbereiten mußte.

Kaum in der Provinzstadt angekommen, ging ich auf die Suche nach einem Mietauto. Ich fragte überall: an Tankstellen, in den zwei Hotels, in Snackbars und Geschäften. Überall stieß ich auf das gleiche Kopfschütteln. Die Paramount hatte alle Fahrzeuge mit Vierradantrieb schon seit Wochen gekauft oder gemietet. Im Christian Bookshop schließlich gab mir ein englischer Farmer den Rat: »Gehen Sie zu Jim Mallory. Wenn der nicht helfen kann, kann Ihnen keiner helfen.« Ich erfragte die Adresse und stand am nächsten Morgen, einem Sonntag, zu ziviler Stunde vor einem Privathaus im Villenviertel von Arusha. Vor dem Gartentor steckte ein hölzernes Schild im Boden: James P. Mallory. Als ich an die Glastür des Hauses klopfte, schoß eine Meute kläffender schwarzer Dackel aus dem Küchenanbau und wollte mir zähnefletschend an die Beine. Ein Hausboy jagte die Hunde in die Küche zurück und führte mich in die Wohnhalle. Dort saß in weißen Shorts und mit nackter, enormer Brust James P. Mallory. Er blickte über den Rand seiner zwei Wochen alten *Sunday Times* zu mir herüber und sagte in fließendem Deutsch, wenn auch mit englischem Akzent:

»Dich hab' ich schon mal gesehen. Du bist doch der aus ›Einer kam durch‹. Ham sie dich jetzt nach Afrika durchkommen lassen?« Dann schrie er laut nach Dorothy, und als die Frau kam, sagte er: »Laß Kaffee machen, Darling, oder stell eine Flasche auf den Tisch. Vor dir steht ein Filmstar. Der ist bestimmt verwöhnt.«

Der Kaffee kam nicht auf den Tisch, und die Whiskyflasche war immerhin noch halbvoll, als ich endlich dazu kam, die Frage zu stellen: »Hätten Sie einen Jeep für mich oder einen Landrover? Kann ich so was bei Ihnen mieten, Mr. Mallory?«

»Du kannst, mein Junge«, antwortete der Mann mit dem runden Gesicht unter der Mähne von graublondem Haar. »Du kannst so was bei mir mieten.«

Über das vertraute Du war ich verwundert und schob es auf mangelhafte Kenntnisse der deutschen Sprache und unserer Gepflogenheiten. Bis heute weiß ich nicht, ob dem so ist, oder ob es ihm einfach Spaß macht und er aus Prinzip zu allen Menschen Du sagt.

Ich sah mir den Mann genauer an und stellte fest, daß er aussah wie eine Kreuzung zwischen einem Mähnenlöwen und Margaret Rutherford.

Der große Dicke trank sein Glas aus und sagte: »Du kannst einen Landrover von mir haben. Er ist zwar schon zwölf Jahre alt und nicht sehr schön, aber er fährt, und er ist der einzige, den deine Filmleute nicht haben wollten. Und außerdem schlage ich vor, daß du Jim zu mir sagst.«

Jim der Mähnenlöwe fuhr mich in seinem Mercedes-Diesel quer durch die kleine Stadt zu einer Auto- und Landwirtschaftsmaschinen-Verkaufs- und Reparatur-Firma mit Namen Farm Vehicles Ltd. Dort öffnete er eine Bürotür mit der Aufschrift Manager und angelte ein Schlüsselbund vom Wandbrett. Draußen auf dem Hof stand in der gleißenden Helle der Mittagssonne das wohl älteste Auto der Welt. Ein Landrover mit der kürzesten Motorhaube, die es bis dahin gegeben hatte. Auf das schwere Chassis hatte ein Tischlerkünstler eine hölzerne Safari-Karosse gesetzt. Fenster gab es außer der Windschutzscheibe keine. Als seitlicher Regenschutz war Zeltleinwand unter dem Dach zu dicken Würsten aufgerollt. Die Reifen mußten schon viele Buschfahrten gesehen haben. Unter der Haube grämten sich vier kleine Zylinder. Aber der Veteran gefiel mir. Er sah vertrauenerweckend aus. Ich taufte ihn spontan auf den Namen August und fragte Jim, wieviel er dafür haben wolle.

»Zehn Pfund die Woche als Miete«, kam die prompte Antwort, »oder 350 Pfund bar auf den Tisch, wenn du ihn kaufen willst.«

Ich sagte: »Es lohnt sich nicht für mich, den Klapperkasten zu kaufen, denn ich bleib' ja doch nicht lange hier.«

Jim musterte mich längere Zeit und gab zu bedenken: »Das kann man nie so genau wissen. Und außerdem kannst du den ›Klapperkasten‹ ja immer wieder für die lächerlichen 350 Pfund verkaufen.« Er sah nach, ob auch Reserverad, Wagenheber, Werkzeug und Reservekanister an Bord waren, drückte mir die Wagenschlüssel in die Hand und sagte: »Fahr ihn erst mal 'ne Weile. Überleg dir's. Wenn du weißt, was du willst, komm zurück und sag's mir.«

Ich stieg in meinen neuen alten August und ahnte immer noch nicht, daß auch im Buch meines Lebens eine neue Seite aufgeschlagen worden war.

Glückliche Zeit

Am nächsten Tag rollte mich August mit Höchstge-
schwindigkeit 70 nach Lake Manyara. Die schnellen Pa-
ramount-Fahrzeuge jagten auf der Asphaltstraße an uns
vorbei, aber sobald die Hindernisfahrten im dicksten
Busch begannen, war der Veteran in seinem Element,
kein anderer Wagen konnte ihm das Wasser reichen.

Ein Massai-Krieger, dessen Namen ich nicht mehr
weiß, hat in ihm das Autofahren erlernt. Und das innerhalb von einer Viertelstunde! Ich war nach einem ausgie-
bigen Picknick im Schattenschutz von Augusts Dach eingedöst. Die Mittagshitze war groß. Neben mir stand der
Filmjeep mit dem Radio, das eingeschaltet war, weil ich
auf meinen Einsatzbefehl wartete. Plötzlich röhrte Augusts alte Hupe auf. Ich fuhr zusammen. Bei dem Jeep
stand ein Massai, die orangefarbene Toga lässig umge-
worfen. Sein Kräuselhaar war fein geflochten und lief in
einem Zopf aus. Den rechten Arm hatte er über die
Schulter eines halbnackten, ganz jungen Mädchens gelegt. Die rechte Hand hielt den langen Speer mit der breiten, flachen Eisenspitze. Mit seiner Linken drückte er auf
den Knopf meiner Hupe, was ihm großen Spaß zu machen schien. Wir lachten uns an. Das Mädchen gab mir
zur Begrüßung eine schlaffe Hand, ohne Druck, nur so,
Handfläche an Handfläche. Der junge Krieger entdeckte
die Pedale für Gas, Kupplung und Bremse und begann
darauf herumzudrücken, offenbar enttäuscht darüber,
daß sie keinen Ton von sich gaben. Ich versuchte ihm die
Funktion dieser Hebel zu erklären, aber er verstand mich
nicht. Wir waren allein im endlosen Busch, und es gab
niemanden, der für mich übersetzen konnte. So schob
ich ihn denn auf den Beifahrersitz und deutete dem Mädchen an, hinten Platz zu nehmen. Ich fuhr los und zeigte

ihm beim Anfahren die Funktion von Kupplung und Gangschaltung. Mehrere Male ließ ich ihn beim Schalten zusehen. Dann wechselten wir die Plätze. Der Massai gab mir seinen Speer und nahm den Schaltknüppel in die Hand. Es krachte ein bißchen, aber er bekam den ersten Gang hinein. Er ließ die Kupplung los und August machte einen Satz nach vorn. Das Mädchen hinten quietschte. Ich drückte mit meinem Schuh den Fuß des Kriegers auf die Kupplung und legte den zweiten Gang ein. Von da an überließ ich den Massai seinem technischen Schicksal. Er jagte mit uns wie ein Wilder durch das dichte Gras, immer geradeaus. Als ein mächtiger Baobab vor uns aufwuchs, griff ich ins Lenkrad, um den Aufprall zu vermeiden. Der Massai hatte sofort begriffen. Von nun an konnte er auch lenken. Unaufgefordert fuhr er mich zu meinem Filmjeep zurück. Beim Anhalten würgte er den Motor ab. Geschaltet hatte er selbstverständlich auch während der ganzen Fahrt nicht. Aber er hatte ein Gefühl für dieses fremde Etwas bekommen, das sich von alleine fortbewegte. *Er* hatte es heute fortbewegt! Und *ich* hatte einen neuen Freund gewonnen. Von nun an kam er an jedem späten Nachmittag zu meinem Zelt. Und immer war das Mädchen dabei. Allmählich verstand ich, daß es seine Frau war.

Ich weiß es nicht mit Bestimmtheit zu sagen, vermute aber, daß er aus reiner Liebe seine Kindfrau stets mit sich führte. Er wollte sie wohl keinem anderen Mann überlassen. Bei den Massai gibt es ein ungeschriebenes Gesetz. Während seiner Wanderschaft von Boma zu Boma darf jeder fremde Massai eine Hütte unaufgefordert betreten und die Damen des Hauses für sich in Anspruch nehmen. Als Zeichen seiner Inanspruchnahme der Gastfreundschaft hat er seinen Speer vor der Hütte in den Boden zu pflanzen. Der heimkehrende Ehemann, der Herr des Hauses, bleibt seiner Hütte so lange fern, wie der Speer des Fremden steil aufgerichtet vor der Behausung im Boden steckt.

Einmal, als ich verschwitzt und verdreckt von der Arbeit zum Zelt zurückkam, saßen »mein« Massai und seine Kindfrau wartend im alten August. Mit flacher Hand zeigte der Krieger nach Südwesten. Ich setzte mich neben ihn ans Steuer und folgte der Hand meines Freundes, die ständig die Richtung angab. Wir landeten in seiner Boma. Die junge Frau holte frisch gemolkene Milch und körperwarmes Blut aus der Halsschlagader einer Kuh.

Die Schnittstelle am Hals des Tieres wurde mit Kuhdung wieder zugeklebt. Eine zur Schale geschnittene Kalabasse diente zum Mischen von Milch und Blut und wurde mir als erstem gereicht. Es gab keinen Ausweg. Ich mußte trinken. Während ich die ungewöhnte Flüssigkeit schlürfte, hielt ich mich mit meinen Augen so verzweifelt an dem gelben afrikanischen Abendhimmel fest, als gelte es, ihn zu mir herunterzuholen. Während der nächtlichen Rückfahrt revoltierte mein Magen. Sobald ich die Lichter des Zeltlagers aus der Dunkelheit auftauchen sah, rief ich laut nach Rashidi. Der stand schon breit grinsend unter dem Vordach meines Zeltes und hielt mir einen doppelstöckigen Whisky entgegen. Wußte er, woher ich kam? Intuition? Wunder über Wunder.

Eine glückliche Zeit hatte begonnen. Ich hatte das Leben gefunden, für das ich eigentlich gemacht bin. Wenn ich den offenen Jeep mit hoher Geschwindigkeit durch die Savanne jagte und Giraffen so hoch wie Eiffeltürme neben mir hertrabten, habe ich aus voller Kehle gesungen. Ich war wieder fünfzehn Jahre alt und auf der Suche nach Abenteuern. Dabei brauchte ich sie gar nicht lange zu suchen. Sie boten sich von selbst an. Täglich und unerwartet.

Da war die Geschichte mit dem Nashorn im Ngorongoro-Krater. Zwei Kamerawagen brausten in voller Fahrt mit mir über den Kraterboden, einer seitlich vor mir, der andere ein wenig nach hinten versetzt. Unmittelbar neben mir, eine Armeslänge vom Rand des offenen Jeeps entfernt, trabte mit gleicher Geschwindigkeit schnaufend und prustend ein Nashorn. Ich wollte näher an das Tier heran, denn wenn wir Flanke an Flanke vorwärts stürmten, Tier und Auto, konnte der tonnenschwere Koloß mich nicht angreifen. Das ließen die Kameraleute auf den beiden Spezialfahrzeugen aber nicht zu. Immer, wenn ich mich näher an das prustende Tier mogeln wollte, brüllte es aus meinem Lautsprecher: »Abstand halten, Hardy! Bleib in Position. Scheiße Hardy, Scheiße. Bleib ein Stück zurück! Laß eine Lücke zwischen dir und dem Rhino!« Ich ließ die Lücke und sah es kommen. Mit einer Behendigkeit, die dem schweren Tier kaum zuzutrauen ist, schlug es im vollen Lauf eine Volte nach links und rammte die blecherne Bordwand meines Jeeps. Ich glaubte, der Wagen würde auseinanderfallen. Im nächsten Augenblick war das lange Nasenhorn unter dem Chassis. Das Rhinozeros schlug den dicken Schädel nach oben und, als wäre er aus Papier gemacht, wurde der Jeep hochgehoben. Wäre ich nicht angeschnallt gewesen, hätte es mich aus dem Sitz in die Luft gejagt. Eine Weile rollte ich auf zwei Rädern. Dann ließ das Nashorn ab. Ich hielt an. Das Nashorn verharrte ebenfalls. Schweratmend standen wir uns gegenüber. Dann fuhr ich langsam weiter. Wir hatten genug voneinander.

Ein andermal wurde ich gleichzeitig von zwei Gnus angegriffen. Ich fuhr mitten in einer Herde dieser büffelähnlichen Tiere, die im wilden Galopp dahinjagten. Der

Regisseur hatte mir die Anweisung gegeben, einen starken Bullen von der Herde zu trennen und ihn dem auf dem Fängerwagen sitzenden John Wayne vor das Fanglasso zu treiben. Steine und Sandbrocken, von den flüchtenden Hufen hochgewirbelt, donnerten gegen Metall und Windschutzscheibe des Jeep. Es hörte sich an wie das Feuer aus Maschinengewehren. Aus dem Radio kam ein Schrei: »Hardy, paß auf! Links!« Ein Bulle hatte die Richtung geändert und kam von der Seite her auf mich zugestürmt. Bevor ich noch etwas denken konnte, griff zur gleichen Zeit ein anderer Bulle von rechts an. Dem von links konnte ich durch Gasgeben entwischen. Er verpaßte mich um einige Zentimeter und stob wie eine Lokomotive am Hinterteil des Jeep vorbei. Dem zweiten, von rechts, konnte ich nicht mehr ausweichen. Er rammte seinen Schädel gleich hinter der Einsteigöffnung gegen die Bordwand. Es krachte und donnerte, aber der Jeep kippte nicht um. Die große Geschwindigkeit hatte das verhindert. Mit bebenden Flanken und gesenktem Gehörn blieb das Gnu stehen. Es muß fürchterliche Kopfschmerzen gehabt haben. Dieses Erlebnis gilt übrigens als Einzelfall. Bis zu jenem Tag hatte man in Ostafrika immer behauptet, Gnus griffen niemals einen Wagen an.

Es war eine herrliche Zeit. Von Sonnenaufgang bis Sonnenuntergang unter Tieren in dem schönsten Land, das ich bisher gesehen habe. Nie glich ein Tag dem anderen. Ich lernte, wie man Spuren liest und Witterung aufnimmt, wie man Löwen anpirscht und wann man sich vor einem Tier zurückziehen muß. Manchmal gab es Nächte im bequemen Bett eines Buschhotels, meistens aber schlief ich im Feldbett unter einem Zeltdach. Lagerfeuer. Nächte im Freien unter dem afrikanischen Himmel, der näher zu sein scheint und Millionen mehr Sterne hat als jeder andere Nachthimmel der Welt.

Doch Schluß mit der Erinnerung an ein wildes und freies Leben. Schluß mit romantischen Betrachtungen. Zurück zu der Farm, über die ich berichten will. Zurück nach Momella.

Rolf

In den ersten Januartagen des Jahres 1961 wurden die Zelte am Mto wa mbu abgebrochen. Die Gehege vor dem neu errichteten weißen Farmhaus an Momellas Silbersee füllten sich mit den gefangenen Tieren. Das Filmteam war nach Arusha zurückgekehrt. Die Dreharbeiten auf Momella konnten beginnen.

An einem grauen Morgen, es war 7 Uhr früh und der Meru hatte die dunklen Wolken der Nacht noch nicht weiterziehen lassen, traf ich zum erstenmal auf Rolf Trappe. Er stand, in seiner olivgrünen, kurzärmeligen Jägerjacke frierend, auf dem Hof hinter dem Filmgebäude. Links und rechts von ihm drängten sich seine kleinen Söhne Rikki und Butschi an Vaterns Hosenbeine. Als sie hörten, daß ich Schauspieler sei, verwechselten sie meinen Beruf mit dem eines Cowboys. Sie kramten ihre Spielzeugcolts aus den Hosenbünden hervor, richteten die drohenden Läufe auf mich und schrien: »Hands up — Hands up! You are my prisoner!«

Von da an sah ich Rolf, der als Berater für die Paramount tätig war, täglich während der Arbeitszeit. Und von Halinka Trappe bekam ich jeden Mittag mein Essen gereicht. Halinka hatte die Leitung des Meßzeltes übernommen und kochte für die hungrigen Filmleute.

Abends, nach Drehschluß, führten die Trappes Reni und mich durch ihr verwuchertes Reich vom Ngossaresee über den Kahnsee bis hin zu den großen Momellaseen.

Von den Streifzügen in Margarete Trappes altes Steinhaus auf der Farm zurückgekehrt, wartete immer ein gutes warmes Abendessen auf uns, und die Stunden der
Nacht rasten nur so dahin, wenn wir auf der Veranda saßen und Rolfs Geschichten lauschten. Auch wenn sich
die finanzielle Lage der Familie Trappe seit Margaretes
Tod keineswegs gebessert hatte, eine Flasche Cognac war
immer da und blieb nicht lange voll.

Immer häufiger wurden unsere Abende bei den Trappes, und immer später kamen Reni und ich ins New
Arusha Hotel, das immerhin gut eine Stunde Fahrzeit
entfernt liegt. Eines Tages fragte Rolf, ob wir nicht sein
Gästehaus mieten wollten, schließlich sei ich dann dem
Drehort näher. Wir nahmen dankend an und zogen sofort in das Rondavel, den kleinen weißen Rundbau mit
Wellblechdach, der direkt neben dem historischen Farmhaus steht. Von nun an streifte ich jeden Abend durch
den Busch oder hinunter zur Viehboma.

Von einem Farmbetrieb konnte schon damals eigentlich kaum mehr die Rede sein. Rolf führte Jagdgäste auf
Safari und sorgte damit für das Nötigste. Halinka hatte
die Reste des einst blühenden Betriebes in der Hand. Da
gab es eine kleine Kaffeeshamba, aber die Pflanzen waren alt und nicht mehr sonderlich ertragreich. Eine Herde
von höchstens hundert Zebukühen gab gerade genug
Milch, um ein wenig Butter in Arusha verkaufen zu
können. Der Hühnerhof brachte nur eine kaum nennens-
werte und sehr unregelmäßige Eierproduktion. Im Gemüsegarten wuchs gerade so viel, wie auf der Farm
selbst verbraucht wurde. Die gemischte Farmwirtschaft
war unrentabel. Die Kunde von Erkenntnissen moderner
Tierhaltung und gesteigerter Produktion war noch nicht
nach Momella gedrungen. Einmal hatte es einen reichen
Jagdgast gegeben, einen deutschen Hersteller von Ziga-

rettenpapier, der finanzielle Mittel zum Ausbau der Farm zur Verfügung stellte. Gegen Rolfs Willen wurden daraufhin Kühe aus Friesland eingeführt, die natürlich gegen das Ostküstenfieber nicht immun waren und wie die Fliegen verreckten. Die alte Herde von Zebukühen wurde mit ihrer zwar geringeren, dafür aber regelmäßigen Milchleistung zum Retter in der heiklen Situation. In der Absicht, den Betrieb zu modernisieren, errichtete der neue deutsche Partner eine Käserei auf der Trappe-Farm. Aus Europa flog ein Käser ein. Dieser Mann war, laut Rolfs Aussage, sicherlich ein Könner in seinem Fach, für Ostafrika schien er jedoch nicht geeignet zu sein. Und, was weit schlimmer war, das neue Produkt konnte nicht abgesetzt werden. Die Produktion lief, aber der Markt war noch nicht erschlossen. Das investierte Kapital war bald verbraucht. Neues kam nicht mehr. Der Käser reiste ab. Es ist natürlich heute schwer zu beurteilen, wen die Schuld trifft, Rolf Trappe, den deutschen Finanzier oder beide. Fest steht lediglich, daß ein gut gemeinter, aber schlecht geplanter und mangelhaft durchgeführter Aufbau in seinen Ansätzen erstickte. Grollend kam aus Deutschland die Forderung nach Rückerstattung des verlorenen Geldes. Rolf Trappe wurde für die Verluste verantwortlich gemacht. Das Damoklesschwert der Schulden hing abermals über Momella.

An den Anbau von landwirtschaftlichen Produkten, die schnell in klingende Münze umzusetzen sind, wie Mais, Weizen, Bohnen, Kartoffeln oder Gemüse, war nicht zu denken. Seit Margarete Trappe nach Rosis legendärer Geburtsstunde das Jagen auf Elefanten im eigenen Reich verboten hatte, herrschten die Dickhäuter in großer Zahl ungestört über die 6000 Acres der Farm und fraßen alles ratzekahl ab, was an jungen Trieben aus dem Boden schoß. Was die Elefanten übrigließen, erledigten die Büffel.

Zwei Dinge hatte Rolf von seiner Mutter geerbt: Momella und den angeborenen Instinkt des Jägers. So stürzte sich Rolf denn in die Flucht nach vorne. Er zog sich immer häufiger in den Busch zurück. Die Wartezeit zwischen zwei Jagdsafaris schien unerträglich für ihn zu sein. An dem Tag aber, wo Zelte, Verpflegung und Waffen verladen wurden, leuchteten seine Augen.

Landsuche Anno 61

Es war wieder ein Sonntag, viele Wochen später, als ich zum zweitenmal an die Glastür von James Preston Mallorys Villa klopfte. »Hey!« rief er, sobald er meiner ansichtig wurde, in den Korridor hinein, der zu den Schlafzimmern führt. »Hey Dorothy, *Big Brother Germany is back*« und fügte auf deutsch hinzu: »Er hat sein seriöses Gesicht angezogen. Stell mal schnell die Flasche auf den Tisch.«

Wir setzten uns an den Küchentisch, weil Dorothy und ihre Töchter ordnungmachend durch Wohnzimmer und Haus fegten. Es wurde ein langes Gespräch. Ich war gekommen, um Jim zu sagen, daß ich August den Landrover doch nicht mieten, sondern kaufen wolle. Ich wußte, daß ich wiederkommen würde. Sobald ich es einrichten konnte, wollte ich wieder mit August in den Busch, wo ich so glücklich gewesen war.

Jim lachte. »Das hab' ich kommen sehen. Du bist also tatsächlich von der afrikanischen Fliege gestochen worden!«

Ja. Ich war von der afrikanischen Fliege gestochen worden. Dieses Land ist wie eine Krankheit. Es geht ins

Blut. Wer es einmal unter seiner Haut hat, muß immer wieder dorthin zurück.

Ich wollte August haben und ein Zelt oder ein Blockhaus im Busch. Etwas, wohin ich mich immer wieder zurückziehen konnte. Vielleicht sogar eine kleine Farm. Sie brauchte gar keinen Gewinn zu machen. Sie brauchte sich nur selber zu tragen. Und wenn sie noch dazu den Flugpreis für eine Reise pro Jahr abwürfe, wäre dies ein warmer Regen.

Ich bin im Ehebett meiner Eltern in einer Mietskaserne in Berlins Wedding zur Welt gekommen. Die ersten Monate meines Lebens verbrachte ich im Badezimmer, dem einzigen beheizten Ort jener Behausung. Es war ein bitterkalter Winter, und mein Vater, von Beruf Ingenieur, war arbeitslos. Später zogen wir in den östlichen Vorort Biesdorf, wo ich meine ersten Lektionen erhielt. In Straßenschlachten wurde ich so lange verprügelt, bis ich gelernt hatte, schneller zu sein als der andere, die Bewegungen des Gegners vorauszuahnen und außer meinen Fäusten auch noch Füße, Ellenbogen und Handkanten einzusetzen.

Die schönsten Erlebnisse meiner Kindheit hatte ich auf dem Lande. Während der Ferien vom Gymnasium, im Sommer, durfte ich bei der Ernte helfen. Die Liebe zum weiten Land ist mir angeboren. Meine Eltern waren zwar in die Stadt gegangen, aber meine Großeltern stammten von Bauern ab. Es waren keine Großbauern, beileibe nicht. Die Kette meiner Vorfahren besteht aus Landwirten, Kuhhirten, Förstern und Lehrern, die gleichzeitig die Schafe des Dorfes hüteten. Der einzige meiner Vorfahren, der es zu einem kleinen Vermögen gebracht hat, soll einen Dorfkrug gepachtet und geleitet haben.

Beinahe wäre ich Handwerker geworden. Ich hatte eine Tischlerlehre hinter mich gebracht, bevor ich als Statist am Hamburger Schauspielhaus begann. Die Welt des Theaters bedeutete für mich in den ersten Jahren einen täglichen Kampf. Zunächst war es ein Kampf mit mir selber. Wenn ich mit meinen anfänglich kleinen Rollen abends auf der Bühne stand und so tat, als wäre ich ein ganz anderer, schauten mir all die Kuhhirten und Jägermeister über die Schulter und schüttelten mit den Köpfen. Später wurde es ein Kampf gegen die theatrale Umwelt, der ich, allein auf mich gestellt, gegenüberstand. Um mein Aufbegehren gegen die seit Jahrhunderten in deutschen Bühnenböden nistende Darstellungsweise, das So-tun-als-Ob, die eigentlich nur aus Schminke und Lüge bestand, war es für viele Jahre nicht gut bestellt. Aber meine Kuhhirten haben mir dabei geholfen. Sie nickten zwar nicht mit den Köpfen, aber sie belästigten mich nicht mehr. Sie blieben einfach weg.

Als der Erfolg sich endlich eingestellt hatte und die ersten Ersparnisse auf dem Postscheckkonto lagen, begann der Traum vom Bauernhof. So wollte ich zum Beispiel im 1500 Quadratmeter großen Garten meines unter Mühen erworbenen Hauses in Hamburg-Lemsahl eine Hühnerfarm aufbauen. Die Ausführung dieses Planes scheiterte an Renis Einspruch.

Mit den ersten Filmen kam mehr Geld ins Haus, und der Traum vom Erwerb eines ländlichen Betriebes irgendwo in Deutschland rückte in den Bereich des Möglichen. Es ist mir zwar nie in den Sinn gekommen, meinen Beruf aufzugeben und Bauer zu werden. Ich liebe die Welt des Theaters und des Films. Kann es einen schöneren Beruf geben? Mit jeder Arbeit stellte ich mich wieder auf die Probe. Jeder Film führt mich in neue Länder. Monatelang kann ich mit Menschen leben, die ich als Tourist nie kennenlernen würde. Auf meinem Weg treffe ich Straßenkehrer und Präsidenten, Astronauten und Gammler.

Die Welt wird täglich runder für mich und mein Verständnis für alles und alle wächst. Und das nur, weil ich in den schönsten Beruf, den ich mir vorstellen kann, hineingewachsen bin. Nein, ich würde ihn nie aufgeben wollen. Aber ich brauche auch einen Ort der Ruhe, einen Platz zum Nachdenken für die Zeit nach einer ermüdenden Tätigkeit. Irgendwo muß ich meine Batterie aufladen können.

Am Küchentisch seines Hauses sitzend, hatte mir Jim mit größtem Interesse zugehört. Zusammenfassend stellte er fest: »Jetzt willst du keinen deutschen Bauernhof mehr. Jetzt willst du eine Farm. Und zwar hier.«

»Ja«, antwortete ich, und Jim fragte: »Wie wär's denn mit Momella?«

»Ungern«, sagte ich. »Auf Momella läßt sich nur etwas anbauen, wenn man das ganze Land von Elefanten und Büffeln freischießt. Das überlaß ich anderen. Ich will das nicht.«

»Du könntest Rinder halten. Momella und Ngongongare waren früher erstklassiges Cattleland.«

Rolf Trappes Schilderung von den Aufzuchtversuchen mit friesischen Kühen noch lebhaft in meinem Gedächtnis, lehnte ich Jims Vorschlag ab. »Also gut«, sagte er und zog sich sein Hemd an, »dann suchen wir eben was anderes. Ich glaube, du bist so ein Junge, der alles kriegt, was er haben will. Und da werde ausgerechnet ich dir um Gottes willen nicht im Wege stehen.«

Von nun an waren Jim und ich an jedem freien Tag unterwegs. Und weil er genau wie ich sechs Tage in der Woche zu arbeiten hatte, fand die Landsuche sonntags statt. August trug uns getreulich überallhin, von Tschagga-Land über Sanya bis zum Westkilimanjaro, und von Monduli bis weit über Mbulu hinaus. Überall waren Farmen zu verkaufen. Kaffeeplantagen bei Tengeru wurden zu dem gleichen Spottpreis angeboten wie Sisalpflanzungen in der Nähe von Moshi. Griechen. Südafrikaner, Norweger und Engländer waren bereit, ihre Farmen gegen harte Währung sofort, am liebsten noch gestern, zu verschleudern. Der Tag der Unabhängigkeit Tanganjikas stand vor der Tür. Das Ende der Kolonisation war gekommen. Ein großer Teil der weißen Minderheit wollte sich an diesen Gedanken nicht gewöhnen und malte den Albtraum der Vertreibung aus dem Paradies an die Wände seiner Wohnzimmer.

4. Blatt

Es enthält die wesentlichen Daten und Ereignisse in der Geschichte Tanganjikas auf dem Wege von einer Kolonie zur unabhängigen Republik.

Erhebe dich und lerne laufen

1918:
Auf Grund der Kapitulation des Deutschen Reiches fällt Tanganjika vorübergehend an Großbritannien.

1920:
Nach der Gründung des Völkerbundes wird das ehemalige Deutsch-Ostafrika Mandatsgebiet. Die Verwaltung von Ruanda-Urundi wird an Belgien, die von Tanganjika an Großbritannien vergeben.

1945:
Die United Nations, rechtliche und ideelle Nachfolger des Völkerbundes, übernehmen Tanganjika zur treuhänderischen Verwaltung.

1950:
Die ersten genossenschaftlichen Organisationen nehmen an Mitgliederzahl und Bedeutung zu.

1954:
Erste Ansätze eines politischen Eigenlebens beginnen sich abzuzeichnen. Von allen Parteigründungen kann die TANU (Tanganjika African National Union) unter der Leitung von Julius Kambarage Nyerere den größten Zulauf vermelden. Unter dem Eindruck dieses Erfolges gibt die

englische Mandatsverwaltung den ursprünglichen Plan einer Föderation der drei ostafrikanischen Länder Uganda, Kenia und Tanganjika unter Führung einer europäischen Minderheit auf und unterstützt die Bemühungen der TANU.

(Julius Nyerere selbst hat mir zu Beginn seiner Präsidentschaft einmal gesagt, daß die Föderation der drei ostafrikanischen Länder mehr als erstrebenswert sei und hat sich lange Zeit energisch dafür eingesetzt. Er hielt die Bemühungen der Separatisten in der europäischen Geschichte für verwerflich und sprach sich begeistert für ein vereintes Europa aus. Leider hat auch dieser weit vorausdenkende Staatsmann bis heute die Vereinigung ostafrikanischer Länder nicht erreichen können. Die im Juni 1967 nach dem Vorbild der EWG gegründete East African Community mag jedoch als erster Schritt in diese Richtung gelten.)

1958:
Die ersten freien Wahlen finden statt.

1960:
Bei den Parlamentswahlen gewinnt die TANU 70 von 71 Mandaten. Julius Nyerere wird Premierminister. Tanganjika ist allerdings nach wie vor unter englischer Verwaltung im Auftrag der UNO.

1961:
Am 9. Dezember wird Tanganjika unabhängig. Julius Nyerere tritt sein Amt des Premierministers vorübergehend an Rashidi Kawawa (Jahrgang 1928) ab, um sich der Organisation der TANU widmen zu können.

1962:
97% der Bevölkerung wählen Nyerere zum ersten Präsidenten der Republik.

Ungleich Kenia, wo die Mau-Mau-Organisation sich mit Gewalt von der Kolonialmacht zu befreien suchte, ist die nationale Unabhängigkeit Tanganjikas auf demokratische Weise und ohne daß auch nur ein Blutstropfen vergossen wurde, erreicht worden. Dies ist nicht allein das Verdienst Nyereres. Es darf nicht vergessen werden, daß schon seit den zwanziger Jahren zunächst der Völkerbund und später die UNO die Selbstverwaltung Tanganjikas durch Tanganjikaner geplant hatten. Die Ansprache Nyereres vor den Vereinten Nationen 1955 in New York hat zweifelsohne diesen Prozeß einer Umwandlung beschleunigt.

Andererseits aber stellt sich heraus, daß mancher junge afrikanische Staat am Tage seiner Selbständigkeit vom abziehenden Kolonialherren bessere Bedingungen übernimmt als derjenige, der das Erbe der UNO antritt. Eine Großmacht, die kolonisiert, investiert in das Land, aus dem sie Profit machen will. Straßen werden gebaut und andere Kommunikationsmittel geschaffen. Schulen und Krankenhäuser entstehen, und wenigstens ein Teil der Bevölkerung erhält eine berufliche Ausbildung. Dies Bild trifft auf Kenia zu, keineswegs aber auf Tanganjika. Am Tage der Unabhängigkeitserklärung verfügte Tanganjika über keine nennenswerten Industrien,
landwirtschaftliche Betriebe mit überseeischen Besitzern arbeiten gewinnbringend,
die einheimische Landwirtschaft jedoch war auf den Eigenbedarf ausgerichtet,
Verkehrsnetze und Kommunikationsmöglichkeiten konnten als mittelalterlich-rückständig betrachtet werden,
Krankenhäuser gab es nur verschwindend wenige,
eine Alters- oder Krankenversorgung für die Gesamtbevölkerung existierte nicht,
die wenigen Volksschulen reichten bei weitem nicht aus,

die Oberschulen waren im Grunde den Kindern europäischer und indischer Eltern vorbehalten,
eine Universität gab es überhaupt nicht, und um die Stämme, weit draußen im Busch, die noch wie vor 2000 Jahren lebten, hatte sich bis dahin überhaupt noch niemand gekümmert.

Willy Brandt hat in seiner Regierungserklärung im Oktober 1969 vor dem Bundestag in Bonn gesagt: »Die Schule der Nation ist die Schule.« Nun, Tanganjika hätte, als es das Nation-Sein lernen wollte, so gern eine Schule gehabt. Am Tage der Selbständigkeit stieß die Bestallung von Ministern, Staatssekretären, Regional- und Distriktkommissaren und die Besetzung des gesamten weitverzweigten Netzes der Verwaltung auf fast unüberwindliche Schwierigkeiten. Lange Zeit verblieben europäische Administratoren auf ihren Posten, die schon unter der Mandatsverwaltung gedient hatten. Einige von ihnen waren sogar noch gegen Ende der sechziger Jahre dort anzutreffen.

Wer versucht ist zu sagen, daß Tanganjika seine Unabhängigkeit eben doch zu früh erhalten hätte (auch wenn sie nicht so abrupt wie im Kongo erfolgt sei und damit Verwirrung, Separatismus, Mord und Totschlag vermieden werden konnten), der irrt sich gewaltig. Weitere Jahre der Mandatsverwaltung hätten am Bildungsstatus des Landes nichts geändert. Der Schlendrian wäre höchstens weitergegangen, und es ist kaum anzunehmen, daß für die Ausbildung der zukünftigen Führungsschicht auf breiter Basis Vorsorge getroffen worden wäre.

So stellte sich denn Tanganjika im Jahre 1961 auf eigene Füße und lief schwankend, wie Kinder es tun, gegen Türpfosten, Tischecken und Schrankwände. Es hat ein paar schmerzende Beulen gegeben. Aber gibt es in Europa nicht ein Sprichwort, das besagt, daß wir nur aus unseren eigenen Fehlern lernen?

5. Blatt

Es enthält Erzählungen über die Entstehung eines Buschhotels von der Idee bis zur Eröffnung.

Warum nicht ein Hotel?

Mit dem Monat Februar war der afrikanische Herbst in Momella eingezogen. Ab und an unterbrach ein tropischer Regenschauer die Dreharbeiten, und alles flüchtete in die große Halle vor den Kamin, der sich übrigens bis heute nicht geändert hat und immer noch Mittelpunkt Momellas ist.

An einem solchen Tag, an dem Wolkenbrüche mit Sonnenschein abwechselten, schlängelte sich eine Autokolonne an Tieren, Schauspielern, Kameras und Technikern vorbei bis zum Haupthaus. Der Premierminister der neuen Abgeordnetenversammlung Tanganjikas befand sich in Begleitung englischer Offiziere und Polizisten auf Inspektionsreise und hatte den Wunsch geäußert, auch den Filmleuten einen Besuch abzustatten.

Nach dem wenigen, was ich über Julius Nyerere bis dahin gehört hatte, war ich auf einen greisen afrikanischen Freiheitskämpfer gefaßt. Als er aber jetzt der schweren englischen Limousine entstieg, sah ich mich zu meiner größten Überraschung einem zierlichen Mann mit durchdringenden Augen gegenüber, der mir keineswegs älter als fünfunddreißig zu sein schien und betont zurückhaltend und leise wirkte. Er machte einen Rundgang um die vielen Tiergehege. Vor dem Löwenkäfig stehenbleibend, sagte er: »Ich muß Ihnen ein unglaublich klingendes Geständnis machen. Wissen Sie, daß dies der erste lebende Löwe ist, den ich je gesehen habe?« Er lachte leise in sich hinein, bevor sich die Umstehenden zu einer Reaktion entschließen konnten.

In Sachbüchern und Zeitschriften nimmt sich das Curriculum vitae Julius Nyereres so aus:

Julius Kambarage Nyerere wurde 1923 als Sohn des Häuptlings Burito Nyerere vom Stamme der Zanaki in der Nordprovinz Tanganjikas, Nähe Victoriasee, geboren.

Der junge Katholik erhielt seine erste schulische Bildung in der Staatsschule von Tabora. Von 1943 bis 1945 studierte er am Makerere College in Uganda.

Nachdem er seine Lehrerausbildung erfolgreich abgeschlossen hatte, übernahm er eine Stellung als Lehrer an einer katholischen Missionsschule in Tabora. Von 1949 bis 1952 studierte er an der Universität Edinburgh und schloß das dortige Studium mit dem akademischen Grad »Master of Arts« ab.

Nach Tanganjika zurückgekehrt, wurde er 1953 Präsident der »Tanganjika Africans Association«. 1954 gehörte er zu den Gründern der TANU und wurde deren Präsident.

Die ersten freien Wahlen machten ihn 1960 zum Premierminister Tanganjikas.

Sobald der Rundgang durch Momellas improvisierten Zoo beendet war, nahmen wir die Dreharbeiten wieder auf. Nyerere zeigte sich als ein interessierter Zuschauer. Ich saß, ebenfalls Zuschauer, auf den Holzbalken der Umzäunung eines Geheges. Ein halbzahmes Zebra versuchte, mir in den Hintern zu beißen. Nyerere mußte das beobachtet haben. Er kam lachend auf mich zu und verwikkelte mich in ein Gespräch. Als er erfuhr, daß ich Deutscher sei, sagte er, daß er vermutlich im nächsten Jahr nach Bonn reisen werde. Die Bundesregierung hätte ihn zur Erörterung von Fragen der Entwicklungshilfe eingeladen. Während er das sagte, glaubte ich, einen Ausdruck von Besorgnis in seinem Gesicht lesen zu können und beeilte mich, ihn zu der Reise zu drängen. »Ja«, sagte er, »ich gehe ja. Ich bin auch froh über die Einladung. Andere Staaten haben ebenfalls ihre Hilfe angeboten. Aber eine solche Unterstützung wird immer mit Bedingungen verknüpft. Können Sie sich vorstellen, wie das ist, wenn man Ihnen eine Jacke schenkt, weil man sieht, daß Sie frieren, Ihnen aber gleichzeitig sagt, Sie dürften diese Jacke nur an jedem Dienstag tragen?«

Wir führten an jenem Nachmittag ein sehr offenes, sehr langes Gespräch, in dessen Verlauf ich Tanganjika in einem ganz neuen Licht zu sehen lernte.

Auf dem Wege zu seinem Wagen sprach ich von meinem Wunschtraum, in Tanganjika eine alte Farm zu kaufen und daraus einen modernen Betrieb zu machen.

»Eine wunderbare Idee«, sagte er, »warum nicht?«

»Ich bin nicht ganz sicher«, gab ich fragend zur Antwort, »ob ich als Europäer nach Uhuru, nach dem Tag der Unabhängigkeit, auch noch gern gesehen bin.«

Nyerere nickte resignierend: »Ich weiß, ich weiß. Alle Welt glaubt, daß die Afrikaner, sobald sie ihre Freiheit erlangt haben, sich am Besitz der Europäer bereichern wollen. Wir werden das nicht tun. Sie verlangen Sicherheiten. Ich kann Ihnen keine geben. Höchstens mein Wort. So lange ich in Tanganjika mitzureden habe, werden Sie in Ruhe in diesem Land arbeiten können. Ich wünschte mir, es gäbe mehr Menschen wie Sie. Jeder, der guten Willens ist, ganz gleich welcher Rasse, Religion oder Nationalität, ist bei uns gern gesehen. Ausnahmslos jeder, der mithilft, dieses Land aufzubauen. Unser Land ist arm und unerschlossen. Wir kommen schon aus eigener Kraft auf die Beine. Aber das wird ein langer, sehr langer Weg sein. Wenn einer kommt, so wie Sie, und sagt ›ich mach mit‹, was können wir dann tun? Wir können ihn doch nur bitten, so schnell wie möglich zu kommen und mit anzufassen.«

Nyerere dachte eine Weile nach und sagte dann: »Sie wollen eine Farm. Ich habe eine andere Idee. Wenn Sie sich entschließen könnten, meinem Vorschlag zu folgen, würden Sie mir einen großen Gefallen tun.

Am Tag der Unabhängigkeit werden nicht nur die englischen Verwaltungsbeamten abziehen. Aus Sorge um ihr Kapital ziehen sich schon jetzt viele überseeische Investoren aus Tanganjika zurück. Plantagen werden verkauft und Bankkonten geschlossen. Dieser Trend wird noch so lange weitergehen, bis die Welt gemerkt hat, daß wir nicht so sind, wie man glaubt.

Am Tag Uhuru wird unsere Staatskasse leer sein. Tanganjika braucht Devisen. Wir haben ein schönes Land und viele wilde Tiere. Wir werden die Nationalparks vergrößern und den Tierbestand schützen. Wir werden also ein ideales Land für den Tourismus sein. Touristen bringen harte Währung ins Land und nehmen Eindrücke von unserem tatsächlichen Leben mit nach Hause.

Wie wär's, Herr Krüger, wenn Sie, statt eine Farm zu kaufen, ein Hotel in Tansania bauen würden? Eine Lodge, ein Buschhotel. Sie sind bekannt. Sie haben Beziehungen. Sie könnten Touristen ins Land bringen. Warum fangen Sie nicht damit an? Sie sind noch jung. Die Farm kann warten.«

Abends, nach Drehschluß, bin ich noch lange zwischen den Tierkäfigen auf und ab gegangen. Nyereres Idee war nicht schlecht. Ein Hotel. Ich hatte zwar überhaupt keine

Lust, mich mit Tourismus zu befassen. Aber es mußte ja nicht im großen Stil sein. Ein Bungalow-Hotel mitten im Busch für Tierliebhaber. Nicht für Jäger, sondern für Menschen, die beobachten und fotografieren wollten.

Die Idee war wirklich nicht schlecht, und sie würde noch dazu einem guten Zweck dienen. Ich sah zu dem Film-Farmhaus hinüber. Da stand im Grunde schon das Haupthaus: Küchenräume, Empfang, Halle, Bar. Wenn man jetzt noch links und rechts davon ein paar Rondavels bauen würde, so wie oben das kleine runde Haus bei Trappes . . .

Ich kletterte in den Wagen und fuhr nach Arusha. Bei den Sümpfen von Ngongongare verstellte mir eine Elefantenherde den Weg. Gut eine Viertelstunde mußte ich mich gedulden, bis die gravitätischen Herren dieses Landes geruhten, die Straße freizugeben.

Jim stocherte gerade in seinem Kaminfeuer herum, als ich kam, um den neuen Gedanken mit ihm zu besprechen. Jim lachte: »Also nehmen wir doch Momella. Ich habe dir ja gleich gesagt, daß wir Momella nehmen sollten.«

»Wieso wir?« fragte ich und kannte schon die Antwort, denn ich hatte in den letzten Wochen wiederholt eine Zusammenarbeit angedeutet. Wie hätte ich überhaupt irgendeinen Betrieb in Tanganjika beginnen können ohne einen Partner, einen zuverlässigen Mann, der sich in meiner Abwesenheit um alles kümmern würde?

Jims Antwort auf meine Frage kam ohne Zögern. »Ich habe dich schon richtig verstanden. Du willst doch, daß ich bei Farm Vehicles aufhöre und bei dir anfange. Gut. Ich mach das. Höchste Zeit, daß ich mal etwas Eigenes auf die Beine stelle. Nyerere hat recht. Wir brauchen ein Buschhotel. Und zwar in Momella. Die Seen. Die grünen Hügel. Der Kilimanjaro. Der Mount Meru. Die Tiere. Momella ist ein Juwel. Es gibt in ganz Ostafrika nichts Schöneres. Jedenfalls nicht für meinen Geschmack.«

Er legte ein Eukalyptusscheit in die Flammen und brummte vor sich hin: »Leider hieß mein Vater ebensowenig Rockefeller wie deiner. Viel Geld hab' ich nicht. Aber was ich habe, steck' ich mit rein.«

Der nächste Schritt war ein Gespräch mit Rolf Trappe. Jim und ich machten ihm das Angebot, 1000 Acres des Landes rings um den Filmbau in das neue Unternehmen einzubringen und dafür mit einem Drittel an dem noch zu errichtenden Hotel beteiligt zu werden. Rolf selbst brauchte weder am Aufbau noch an der Leitung aktiv teilnehmen, aber Halinka konnte die Leitung der Hotelküche übernehmen und würde dafür selbstverständlich ein Gehalt beziehen. Rolf sagte sofort zu und stellte nur eine Bedingung: der ihm zustehende Gewinn müsse in Europa ausgezahlt werden, weil er damit das Studium seiner Söhne an europäischen Schulen und Universitäten finanzieren wolle.

Am 4. März 1961 kam es zwischen Jim Mallory, Rolf Trappe und mir zu einer schriftlichen Abmachung, die besagte:

Rolf Trappe bringt 1000 Acres seines Landes zum Wert von 5 Pfund Sterling pro acre in die neue Firma ein. Ich sorge für das nötige Kapital zur Errichtung eines Hotels und helfe mit beim Aufbau der Gebäude. Jim Mallory hilft ebenfalls beim Aufbau mit, steuert Kapital bei und übernimmt zu einem späteren Zeitpunkt das Management des Unternehmens.

Jeder der drei Partner erhält 33 1/3 % der Aktien an der noch zu gründenden Firma.

Die Auszahlung des Rolf Trappe zustehenden Gewinnanteiles erfolgt in transferierbarer Währung in Europa.

Auf einen Namen für unser Unternehmen konnten wir uns schnell einigen. Am Fuße des Meru hatte einst ein sagenumwobener Häuptling gelebt, der weit und breit im Lande als »Chief Momella« bekannt war. Diesen Namen wollten wir beibehalten.

Hotel Momella hätte zu große Erwartungen geweckt. Lodge, also Gasthaus oder Hütte, war da eher zutreffend, und weil wir von Tieren umringt sind, legten wir den Namen fest: Momella Wild-Hütte. Auf englisch: Momella Game Lodge.

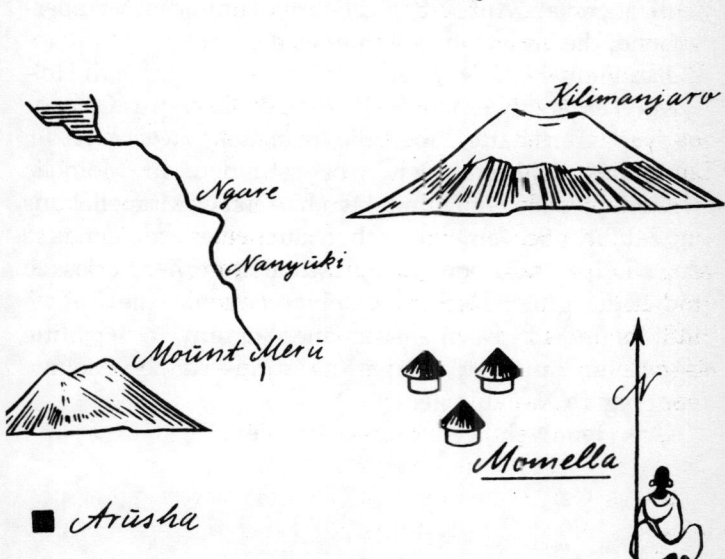

Die wenigen Zeilen der Vereinbarung waren schnell getippt. Als es jedoch zur Unterschrift kommen sollte, überraschte Rolf uns mit einem nicht ganz unerheblichen Problem. Auf der gesamten Farm lag eine Hypothek von 6000 Pfund Sterling. Ein Jagdgast, der Fürst zu Wied aus Wied am Rhein, hatte Rolf mit dieser Summe von seiner Schuldenlast befreit, sich aber gleichzeitig die Hilfeleistung hypothekarisch absichern lassen.

Rolf schlug vor, daß er anläßlich der nächsten Jagdsafari, die kurz bevorstand, den Fürsten Wied um Genehmigung zur Freigabe von 1000 Acres gegen anteilmäßige Auszahlung bitten würde.

Kurze Zeit nach dieser schriftlichen Grundsteinlegung für die heutige Momella Game Lodge ging meine glückliche Zeit im Busch zu Ende. Nach fünfeinhalb Monaten Außenaufnahmen wurden die Koffer gepackt. Die Filmleute zogen ab. Auf Momella kehrte, zumindest vorübergehend, die altgewohnte Ruhe wieder ein.

Der Film »Hatari« mußte mit Innenaufnahmen in Hollywood ergänzt werden. So kam es, daß ich zwar Ostafrika verlassen hatte, aber die nächsten zwei Monate, zumindest während der Arbeitsstunden, in Momella weiterlebte. Die Filmarchitekten hatten das Momellahaus im Studio noch einmal nachgebaut. Alles war genauso da, wie ich es 20 oder 22 Flugstunden vorher verlassen hatte: der große Tisch, die klobigen Stühle, die weißen Wände und das Dach aus Bananenblättern. In der Mitte der Halle stand der riesige Kamin aus runden Steinen vom Ngare Nanyuki gemauert.

Das Heimweh begann in Kalifornien.

Kuckuck

Manchmal denke ich, daß Margarete Trappe es doch leichter gehabt hatte, die einfach hingegangen war, ein großes Stück Land eingezäunt hatte und nach Bezahlung einer Kaufsumme sagen konnte: »Dies ist mein Grund und Boden. Hier bau' ich meine Hütte.« Der Weg zum Momella von heute war blockiert von zahlosen unangenehmen Hindernissen.

Anfang April 1961 steckte ein Brief von Jim im Briefkasten des Hauses in den Hügeln von Hollywood, das ich auf Zeit gemietet hatte. Meine anfängliche Freude über den ersten Brief aus Tanganjika verflog sofort. Jim schrieb unter anderem:

»Halinka hat mich darüber informiert, daß der Fürst mit dem Verkauf der 1000 Acres einverstanden ist . . . Ich bin vor Freude in die Luft gesprungen . . .

Rolf hat mich am 23. März besucht und mich für den folgenden Abend auf die Trappe-Farm eingeladen. Als ich ankam, waren Halinka und Rolf völlig verstört. Der Gerichtsvollzieher war dagewesen und hatte eine Court Order, einen Eintreibungsbefehl, den Ihr in Deutschland Kuckuck nennt, an die Wand geklebt . . .

Der Zigarettenpapierfabrikant hat die Betreibung eingeleitet.

Rolf kann demnach bis zur Entscheidung des Gerichtes nicht ein einziges Stück seines Landes abtreten . . .«

Der von Jim in Kopie beigefügte Eintreibungsbescheid war ausgestellt am 11.3.61, unterschrieben von M. J. R. Coakley, Deputy Registrar Ihrer königlichen Majestät von England, an dem Hohen Gericht von Tanganjika, und besagte, daß in dem zivilen Streitfall Nr. 15 von 1961 der Kläger EFKA-Werke Fritz Kiehn G.m.b.H. von

1. Rolf Trappe und
2. Halinka Trappe

die Summe von 500000 Shillingen zurückverlange. Für den Fall, daß die geforderte Summe nicht zur Verfügung stände, müsse dem Gericht als Sicherstellung der Grundbuchauszug für die Dauer des schwebenden Verfahrens übergeben werden, um Verkauf oder Schenkung des gesamten Landes oder einzelner Teile davon unmöglich zu machen.

Da hatten wir also Knüppel in den Rädern, und zwar haargenau in dem Augenblick, als wir anfahren wollten.

Die Rechtsanwälte von EFKA und Trappe nahmen ihre langwierige Arbeit auf. Ein Ende war nicht abzusehen. Um ein klares Bild der Lage zu bekommen, ließ ich mehrere juristische Gutachten anfertigen. Sie ergaben, daß der Streitfall EFKA versus Trappe zwar schwer durchschaubar sei, daß aber jedes Gericht der Welt unserem Anspruch auf die vereinbarten 1000 Acres stattgeben müsse. Am Tage der Vereinbarung (4. März 1961) hatte Rolf Trappe noch keine Kenntnis von dem Betreibungsbefehl (11. März 1961) und war deshalb auch zu dem Zeitpunkt berechtigt gewesen, über sein Land frei zu verfügen. Alle Gutachten wiesen allerdings eine Einschränkung auf: inwieweit ein, durch die Ansprüche seitens EFKA und Fürst zu Wied, hochverschuldeter Partner wie Rolf Trappe für das in Gründung begriffene Hotelunternehmen tragbar sei, müsse von den Gesellschaftern entschieden werden. Diesem Problem sei möglicherweise durch eine Barauszahlung der vereinbarten 5000 Pfund Sterling zu begegnen.

Mit dem Gedanken an die schulische Ausbildung von Rolfs Söhnen schlugen wir diese sachlich absolut richtige

116

Anregung in den Wind und entschlossen uns, den Ausgang des offensichtlich langwierigen Prozesses gar nicht erst abzuwarten. Handwerker und Tagelöhner zogen auf Momella ein. In den Wäldern wurden Bäume gefällt und zu Balken zersägt. Lastwagen brachten tonnenweise Zement. Der Kalender zeigte den Juni 1961 an. Der Aufbau des Buschhotels hatte begonnen.

Die lokalen Anwälte der Klägerpartei beobachteten mit größtem Interesse die rasch voranschreitenden Arbeiten und rieben sich die Hände. Sie waren sicher, daß ihnen am Ende des Prozesses gegen Trappe nun auch noch ein kleiner Hotelbetrieb zufallen würde. Sie sollten sich getäuscht haben, wie der Fortgang dieser Chronik beweisen wird.

Die weißen Brüder

Manchmal, beim Verlegen einer Wasserleitung, oder wenn wir eine Schneise durch den Wald schlugen, wischte sich Jim den Schweiß von der Stirn und sagte grinsend: »Der Zementfritze hat die Rechnung gebracht. Wir sind mal wieder pleite. Willst du nicht endlich wieder einen Film drehen?«

Aus diesem wiederholt angebrachten Vorschlag wurde bald ein geflügeltes Wort im Hochland. Ein paarmal ist es vorgekommen, daß Lieferanten, die Jim vertrösten wollte, ohne nachzudenken sagten: »Laß doch den Hardy mal wieder einen Film machen!«

Ich folgte den Vorschlägen meiner drängenden Freunde und drehte im Sommer 1961 in Berlin den Film »Zwei unter Millionen« und in Paris »Sonntage mit Sybille«. Am 12. Oktober hatten die »Zwei unter Millionen« in Hannover Premiere und am 13. Oktober, einem Freitag, starteten Dieter Seelmann und ich mit unserer einmotorigen Cessna D-ELDU zu unserem ersten gemeinsamen Intercontinental-Flug. Wohin? Nach Momella natürlich. Das Deutsche Fernsehen hatte uns mit der Produktion einer Dokumentarserie unter dem Titel »Hardys Bordbuch« beauftragt. Der Flug wurde zu einem großen Erlebnis. Manchmal, über dem Mittelmeer oder in der beißenden, alles tötenden Helle über der Nubischen Wüste, wenn große Düsenmaschinen hoch über uns eilig und schnurgeradeaus nach Süden zogen, kam es mir vor, als flöge ich ein Motorrad. Wir brummten laut und kamen eigentlich nicht recht vom Fleck. Und doch: dies war noch die richtige, die alte Fliegerei. Keine Navigationshilfen. Nur eine Karte auf den Knien, ein wenig Glück und Rückenwind. Über dem Sudan trieb uns ein Gewitter vom Kurs ab, und in Uganda zwang uns Benzinmangel zur Notlandung auf einer Wiese. Was ich während des ganzen Fluges empfand, hat Antoine de Saint-Exupéry mit wenig Worten sehr genau gesagt: »Das Fenster am Führersitz eines Flugzeuges ist wie ein Vergrößerungsglas, durch das man die Welt betrachtet.« Beim Überfliegen des afrikanischen Kontinents ist mir erst richtig klargeworden, wie weit und riesig und farbig und unberührt Afrika ist. In manchen Gegenden muß man vier, fünf Stunden fliegen, bevor man die nächste menschliche Ansiedlung zu Gesicht bekommt. Und in Europa? An jeder Straßenkreuzung steht ein graues Dorf, und Städte wachsen sich gegenseitig in die Arme. Nach viereinhalb Tagen Flugzeit landeten wir in Arusha. Wir vertauschten die Pilotensitze mit den harten Bänken von August dem Landrover und verschwanden für vier Wochen im Busch. Das Ergebnis dieser Arbeit waren die beiden ersten TV-Folgen »Flug nach Tanganjika« und »Der Tierfänger«.

Auf Momella war inzwischen ein richtiges kleines Hotel entstanden. Acht weiße Rundhütten mit Dächern aus Bananenblättern standen neben dem Haupthaus. Diese Rondavels wiesen zwar keinen Luxus auf, waren aber bequem und sauber. Zwei Betten, ein Tisch, zwei Stühle, ein Schrank, Fenster nach Osten und Westen, ein Privatbad mit fließendem kalten und warmen Wasser. Wir waren bereit für die ersten Gäste, die sich zögernd einfanden. Zunächst kamen ein paar Europäer von der Küste, die in der trockenen Luft des Hochlandes Ferien von der schwülen Hitze des Indischen Ozeans machen wollten. Wissenschaftler, Zoologen hauptsächlich, fanden sich unangemeldet ein, denn es hatte sich herumgesprochen, daß wir auf unserem Land (das uns rechtlich noch keineswegs gehörte) Schußverbot erteilt hatten und deshalb wilde Tiere in großer Zahl auf Momella anzutreffen seien.

Einmal gab es große Aufregung. Eine internationale Touristenorganisation, die UTC aus Nairobi, hatte 25 Gäste zu Abendessen und Übernachtung angemeldet. Die Außenwelt schien Momella entdeckt zu haben. Alles wurde auf Hochglanz gebracht, und die Köche Zeppho und Asmani arbeiteten singend in der Küche. Um 6 Uhr, gegen Sonnenuntergang, hätten die Gäste eintreffen sollen. Niemand kam. Um 7 Uhr war immer noch niemand zu sehen. 8 Uhr. Nichts. Die UTC hatte einen erfahrenen Touristikleiter nach Momella geschickt, um sicherzugehen, daß diese neue und unbekannte Lodge auch tatsächlich alles den Wünschen verwöhnter Gäste entsprechend arrangieren werde. Der Herr aus Nairobi kaute auf den Nägeln. Er konnte sich die Verspätung nur durch eine Panne erklären. Als die Köche wild gestikulierend aus der Küche kamen und zu verstehen gaben, daß sie für das allmählich verbrutzelnde Essen nicht mehr verantwortlich zu machen seien, bestieg der Touristikleiter sein

Auto und machte sich auf die nächtliche Suche nach der verlorengegangenen Reisegruppe. Er fand seine Volkswagen-Busse fein säuberlich auf dem Parkplatz eines Hotels in Arusha abgestellt. Die Touristen saßen über ihrem Dinner. Zur Rede gestellt, wußte der für die Gruppe verantwortliche Reiseleiter folgendes zu sagen: nach der Besichtigung des Afrikanermarktes in Arusha hätte er seine Gruppe, wie im Programm vorgesehen, in das Hotel zum Tee geführt. Auf seine Frage nach Momella hätte der Manager darauf hingewiesen, daß Momella längst pleite sei und noch vor Eröffnung seine Tore geschlossen hätte. Wie ein Geschenk des Himmels hätte es sich ergeben, daß hier zufälligerweise noch eine entsprechende Anzahl von Betten frei gewesen sei, die der Reiseleiter natürlich sofort gebucht hatte.

Freundliche weiße Brüder! Wir auf Momella haben noch oft die Erfahrung machen müssen, daß es viel leichter ist, mit Afrikanern als mit Europäern in Ostafrika zusammenzuarbeiten und zusammenzuleben.

Galanacht mit nackten Füßen

Am 17. November 1961, zwei Tage bevor die neue Momella Game Lodge feierlich der Öffentlichkeit übergeben werden sollte, setzte der Regen ein. Tonnenweise und ohne Unterlaß stürzten Wassermassen auf unser Dach. Tag und Nacht fiel ein Vorhang aus Wasser so dick und undurchsichtig wie eine Panzerglasscheibe vom Vordach der Veranda in das dichte Kikuyugras. Neuangelegte Fahrwege verwandelten sich in reißende Ströme. Elefanten versanken bis zu den dicken Gelenken ihrer Knie im Schlamm. Alles Getier mit Flügeln, ob Käfer, Falter oder Vogel, flüchtete sich fliegend unter das schützende Dach der großen Momella-Halle. Die Welt schien untergehen zu wollen.

Die gedruckten Einladungskarten waren schon vor langer Zeit abgeschickt worden und englische Distrikt- und Regional-Kommissare hatten ihr Erscheinen ebenso zugesagt wie die Häuptlinge von Warush, Wameru und Massai.

Wir waren ziemlich verzweifelt, denn es konnte kaum damit gerechnet werden, daß unsere Ehrengäste kommen würden. Wer wagt sich schon bei einem solchen Wetter in den Busch? Und die, die sich tatsächlich nicht abschrecken ließen, würden im Schlamm steckenbleiben. Plötzlich, am Nachmittag des großen Tages, rissen die Wolken auf. Das Trommeln des Regens verstummte. Zaghafte Sonnenstrahlen tauchten die grünen Hügel in fahles Licht.

In Gummistiefeln wateten wir vor das Haus und konnten eine Entdeckung machen, die für die Zukunft Momellas von größter Bedeutung war. Auf unseren in alle Richtungen zu Tal führenden Wegen floß das Wasser sofort ab. Der lavahaltige Boden ließ die Feuchtigkeit eindringen und trocknete mit dem ersten Windstoß wieder zu einer harten Kruste. Schon eine Stunde nach dem trommelnden Tropenregen waren alle Wege, die nach Momella führten, wieder befahrbar. Diese durch die Höhenlage (1800 m ü. d. M.) bedingte Gegebenheit hat fortan dazu geführt, daß Momella gerade in der Regenzeit überbelegt ist. Wenn Ngorongoro-Krater und Amboseli-Nationalpark unter Wasser stehen, flüchten sich die Touristen über unsere Allwetterwege unter das schützende Dach der Lodge.

Der erste Erkundungsgang am Nachmittag jenes wichtigen Tages ließ allerdings eine schwache Stelle erkennen. Da wo die Wege durch flaches Land auf die Gebäude Momellas zuführen, direkt vor dem Compound, bildete sich ein riesiger See, der nur langsam versickerte und die Einfahrtstraße, die wir mühsam angelegt hatten, in ein Schlammloch verwandelte. Jim holte alle verfügbaren Arbeitskräfte herbei. Der Traktor rollte Anhängerladung auf Anhängerladung mit runden Steinen vom Fluß herauf. Aber alles, was wir an Bollermännern in das Schlammloch warfen, versank gurgelnd in der Tiefe. In der Kürze der uns verbliebenen Zeit war die Straße nicht zu reparieren. Da hatte ich eine, wie ich meinte, umwerfende Idee. Ich holte fünf große Rollen Hühnerdraht aus dem Vorratsraum und rollte sie über den einigermaßen trockenen Stellen im Wald aus. Wir nagelten die Seiten des Drahtteppichs mit Pflöcken in den Boden. Eine neue Rollbahn war geschaffen. Aufatmend beobachteten wir, noch immer ungewaschen und in Arbeitskleidung, das Eintreffen des ersten Gastes. Colonel Weston lenkte seinen schlammverspritzten Holden Stationwagon auf unsere geniale Konstruktion. Auf den ersten Metern verfing sich der Hühnerdraht in Mr. Westons Hinterradaufhängung. Glücklich lächelnd ließ der rotgesichtige, urgemütliche und trinkfeste englische Oberst seinen Wagen vor der Veranda ausrollen. Schweigend und mit offenen Mündern standen wir daneben. Weston hatte unsere Hühnerdrahtrollbahn aus dem Waldboden gezogen und in einem riesigen Knäuel bis vor das Haupthaus geschleppt.

Wir gaben auf und gingen baden.

Ich glaube, die Einweihungsfeier Momellas ist die mit Abstand komischste in der Geschichte aller Hotels dieser Welt. Es begann damit, daß mit dem Eintreffen unserer erlauchten Gäste auch der donnernde Regen wieder einsetzte und alle Fahrzeuge ausnahmslos im See vor dem Compound steckenblieben. Die Herren zogen ihre Schu-

122

he und Strümpfe aus, krempelten ihre Smokinghosen hoch und stapften, Hilfe holend, dem schützenden Ziel entgegen. Einige Damen folgten den beispielgebenden Herren. Pumps und Nylonstrümpfe in den Händen und die Röcke der Abendroben über den Köpfen zusammengeschlagen, wateten sie durch den Schlamm. Andere Damen, besonders die jüngeren und hübscheren, wurden von Jim, Seelmann und mir hilfsbereit, wie wir nun einmal sind, ins Haus getragen.

Das große Fest hub an und nahm sich wie eine Bauernhochzeit auf einem Bild von Breughel aus. Um dem zu befürchtenden Schnupfen vorzubeugen, wurden viele Gläser alkoholischer Getränke in die unterkühlten Leiber gegossen. Quietschende und ob der ritterlich dargebotenen kleinen Aufmerksamkeiten höchst überraschte und äußerst zufriedene Damen jeden Jahrgangs wurden in dampfendheiße Badewannen gestellt, wo ihnen festlich gekleidete Herren die Beine wuschen.

In der Halle bogen sich die Tischplatten unter dem Gewicht von Speisen und Flaschen. Ein Plattenspieler mit Batterieantrieb gab blecherne Musik von sich. Am Kaminsims hingen dampfend Nylonstrümpfe neben schwarzen Herrensocken. Selbst ein verschüchtertes hellblaues Spitzenhöschen hatte einen Platz am wärmenden Feuer gefunden.

Der Finanzminister hielt die Einweihungsansprache. Er fand bewegende Worte für diesen großen Tag. Ein wahrer Gentleman im klassischen Smoking, Cocktailglas in der Hand. Nur weiter unten stimmte es nicht mehr. Die Smokinghosenbeine waren immer noch bis zum Knie hochgerollt. Ab und an fiel ein dicker Tropfen aus den schwarzen Röhren auf den Sisalteppich gleich neben seine nackten Füße.

Es wurde viel gelacht. Nackte Tanzbeine wurden bis in

den frühen Morgen geschwungen. Meistens Tango und Walzer. La Bamba und Samba hatten auf ihrem Siegeszug um die Welt den Busch seitlich umgangen. Wann der letzte schlafen ging, weiß ich nicht zu sagen. Am Frühstückstisch, um die Mittagszeit des nächsten Tages, zählte ich verwundert die Häupter meiner vollzählig versammelten Lieben. Da schlürften vierunddreißig unterschiedlich verkaterte Ehrengäste andächtig die erste Tasse heißen Kaffees. Momella verfügte aber nur über sechzehn Betten. Wer in jener Nacht wann und wo geschlafen hatte, wird auf ewig ein Rätsel bleiben.

6. Blatt

Es enthält den Bericht über Schwierigkeiten und Erfolge in den
ersten Jahren am Fuße des Mount Meru.

Die Zukunft meldet sich an

Rascher als wir es zu hoffen gewagt hatten, trugen die Buschtrommeln die Kunde von Momellas Auferstehung durch das Land. Mit dem Ende der Regenzeit trafen zwei Herren aus England, Rechercheure eines führenden Londoner Reisebüros, in Nairobi ein. An einer Hotelbar stießen sie auf den Namen Momella Game Lodge.

»Was ist das?« fragten sie Charly, den Barkeeper.

»Ein Bungalow-Hotel zwischen Kilimanjaro und Meru«, antwortete der.

»Gibt es dort Tiere?« wollten die Herren wissen.

Charly legte den Kopf auf die Seite, als hätte er die Frage nicht richtig verstanden. »Ob es dort Tiere gibt?«

Charly sah hilflos belustigt zu einem White Hunter hinüber, der gerade einen doppelten Scotch schluckte. Der Oldtimer stellte sein Glas ab, lehnte sich über die Theke und fragte gedehnt: »Ob es auf Momella Tiere gibt, wollen die wissen?«

»Ja«, grinste Charly, »genau das wollen die Herren wissen.«

»Alles gibt's da«, meinte der White Hunter, »alles. Außer Känguruhs natürlich.«

Am nächsten Tag machten sich die beiden Herren auf den Weg. Sie waren für Londoner Verhältnisse vorbildlich gekleidet: graue Flanellhosen, Sportsakkos, karierte Hemden, old-school-tie. Leider hatten sie für afrikanische Verhältnisse ein unmögliches Auto gewählt: eine weiße amerikanische Limousine.

Gegen 12 Uhr mittags erreichten sie die grünen Hügel Momellas und passierten den Büffelberg. Links neben ihnen rauschten die klaren Wasser des Ngare Nanyuki. Vor ihnen glänzten die Momellaseen in der strahlenden Sonne. Im Norden dehnte sich eine Steppe bis zu den Hängen des Kilimanjaro, dessen Schnee hellblau leuchtete. Die Herren entstiegen ihrem Straßenkreuzer und machten ihre Kameras schußbereit.

Was ihre an Londoner Straßenschluchten gewöhnten Augen zwangsläufig übersahen, war dies: keine dreißig Meter von ihnen entfernt, am Rande des Weges, hatten drei Nashörner ein Problem zu lösen. Es handelte sich um zwei Bullen und eine Kuh. Und es war Brunftzeit. Die Dame traf ihre Wahl. Einer wurde abgewiesen. Naturgemäß nahm er übel. Er trollte sich von dannen. Nashörner sehen schlecht. So kam es, daß der im Innersten zutiefst Verletzte die beiden fotografierenden englischen Herren zunächst für kahle Bäume hielt. Die weiße Luxuslimousine jedoch konnte er in Umrissen ausmachen. Der Nashornbulle schnaufte so laut wie die Lokomotive des Personenzuges von Hannover nach Celle, und setzte zum Angriff auf den weißen Störenfried an.

Unter Zurücklassung der Fotoapparate sprangen die Herren aus England in den Wagen. Als das gewaltige Horn durch die rechte Tür kam und oben durch das Dach fuhr, setzte sich der rechte Herr dem linken auf den Schoß. Als der Bulle mühsam sein Horn aus dem Blech zurückzog, schien der Straßenkreuzer umstürzen zu wollen. Pause. Aufgeregt und wütend stob das gewaltige Tier zur anderen Breitseite. Die beiden Herren wechselten auf den rechten Sitz. Angriff. Das Horn durchbohrte die bis dahin noch unversehrte Tür, erschien im Wageninnern und hinterließ ein zweites Loch im Dach. Nach ungefähr zehn Minuten glich das Auto einem Schweizer Käse. Den beiden Herren war kein Haar gekrümmt. Das Nashorn entschied sich für einen Drink am Kahnsee und verschwand im Busch.

Wenig später kam ein norwegischer Farmer des Weges. Zum größten Unverständnis der Herren aus London wollte er sich ausschütten vor Lachen. Er schob mit seinem Landrover das zerbeulte weiße Etwas kurzerhand in den Straßengraben und brachte die beiden nach Momella. Dort wurde während einer langen Nacht mit wenig Schlaf das Abenteuer herzlich belacht, ausgiebig besprochen und betrunken. Und als die beiden Herren eine Woche später gut erholt nach London zurückkehrten, schrieben sie in dem Bericht für ihr Reisebüro: »Auf Momella Game Lodge sind alle Tiere Afrikas anzutreffen. Wilde Tiere sind absolut ungefährlich, wenn man sich unauffällig benimmt. Es empfiehlt sich gedeckte Kleidung (Khaki) und die Hinzuziehung von Ortskundigen. Wir raten zur Benutzung der Fahrzeuge der Momella Game Lodge oder der ostafrikanischen Transportgesellschaften. Die Fahrer dieser meist vierradgetriebenen Wagen geben dem Reisenden auf ungefährliche Art Gelegenheit, ungestört und aus allernächster Nähe die Tiere Afrikas zu beobachten.«

Schon bald trafen die ersten Anmeldungen aus London ein, und die deutsche Filmproduktionsgesellschaft Rialto buchte sogar die ganze Lodge für sechs Wochen, um bei uns den Film »Unser Haus in Kamerun« zu drehen. Jim und ich waren glücklich wie Schuljungen, die für ihre Fußballmannschaft zwei Tore geschossen hatten.

Unser dritter Partner, Rolf Trappe, teilte unsere Freude nicht. Eines Abends stand er mit sorgenvollem Gesicht in der Tür. Er war gekommen, uns seine Anteile anzubieten. Wir sollten ihm die 5000 Pfund Sterling sofort in bar auszahlen, denn er wolle aus unserer Gesellschaft ausscheiden. Der Mann schien unter der drückenden Last seiner Schulden keines klaren Gedankens fähig zu sein.

Ich mußte ihm sagen, daß sein Vorschlag schon aus juristischen Gründen unannehmbar sei. Unsere Vereinbarung vom 4. März 1961 sah das Einbringen von Land vor, nicht aber einen Kauf. Selbst wenn wir jetzt von ihm kaufen würden, ginge dies nur mit Zustimmung der Gläubiger Kiehn und Fürst zu Wied.

Antwort: ich solle in Deutschland mit den Gläubigern sprechen und die Genehmigung einholen.

Jim gab zu Bedenken, daß die 5000 Pfund niemals an Rolf fallen würden, sondern den Gläubigern als Teilabdeckung einer weitaus größeren Schuld überlassen werden müßten. Die Trappes hätten dann auch noch ihre künftigen Einnahmemöglichkeiten aus der Lodge verloren und das Studium der Söhne werde kaum noch zu finanzieren sein.

Antwort: wir sollten in Deutschland mit den Gläubigern sprechen und so schnell wie möglich die 5000 Pfund auszahlen.

Wir meldeten noch viele andere Bedenken an und erreichten schließlich, daß Rolf die Sache noch einmal bedenken und mit Halinka besprechen wollte. Mit sorgenbeladenen Schultern verschwand er in der Kühle der Nacht.

Dieses Gespräch wurde schon wenige Tage später in den Hintergrund gedrängt, denn ein Ereignis von historischer Bedeutung stand unmittelbar bevor: Uhuru war gekommen. Eine Fackel wurde auf den vereisten Gipfel des Kilimanjaro getragen und verkündete der Welt, daß Tanganjika nunmehr seine Geschicke in die eigenen Hände genommen hatte. Ich wartete den Machtwechsel, der reibungslos und friedlich vor sich ging, ab und flog dann gemeinsam mit Dieter Seelmann unsere kleine Cessna nach Europa zurück.

Partnerwechsel

Mein Bericht über eine Farm wäre lückenhaft, wenn ich nur von der Sonnenseite des Aufbaus, dem Erreichen gesteckter Ziele und dem romantischen Leben inmitten wilder Tiere spräche. Es hat auch Rückschläge gegeben, Enttäuschungen und kleinliche Widerwärtigkeiten, die uns auf Momella das Leben oft schwer gemacht haben.

Sobald Momella von den ersten Gästen besucht worden war und die Rialto-Filmgesellschaft ihre Dreharbeiten beendet hatte, wollte Halinka Trappe ihren Anteil am Gewinn ausbezahlt bekommen. Ein junges Unternehmen muß aber den Gewinn, der am Anfang ohnehin schmal ausfällt, als Betriebskapital benutzen und einen kleinen Teil der nicht unerheblichen Investitionen damit abzudecken suchen. Außerdem macht eine sofortige Entnahme schon bald eine weitere Investierung nötig, die dann von allen Partnern in gleichlautender Summe aufzubringen wäre. Und weiter stand in der Gründungsvereinbarung, daß Gewinnausschüttungen für die Trappes in Form einer Überweisung auf ein Konto in Europa zu erfolgen hätten, nicht aber in bar in Tanganjika auszuzahlen seien. Halinka, die offensichtlich nur an Bargeld interessiert war, wollte dies nicht einsehen. Es hatte sich ja schon zu Margaretes Zeiten bei ihr der Gedanke festgesetzt, daß die Gutgläubigkeit der Trappes stets von bösen Menschen mißbraucht werde. Weil wir den Gewinnanteil nicht sofort auszahlen wollten, fühlte sie sich hintergangen. Mit logischen Argumenten war nichts zu erreichen. Sie stellte die Leitung der Hotelküche ein. Rolf ging auf Safari. Von einem Tag zum anderen belieferte uns die Trappe-Farm nicht mehr mit Milch und Butter. Die Forderung nach Auszahlung von 5000 Pfund, ungeachtet noch abzuwartender richterlicher Beschlüsse, wurde ständig wieder vorgetragen. Als wir wieder einmal ablehnen mußten, wurde uns die Benutzung des Zufahrtsweges zur Lodge an den Stellen verwehrt, wo er durch Trappe-Land führte. Wenig später erschienen Freunde auf Momella, die wissen wollten, daß Halinka Trappe hinter unserem Rücken in Verkaufsverhandlungen über die 1000 Acres, auf denen unsere Hotelgebäude standen, eingetreten sei. Da niemand ein Land verkaufen kann, das er bereits als Beteiligung in eine Firma eingebracht hat, konnte ich diese Mitteilung als Gerücht betrachten und vergessen.

Noch Jahre später, als Rolf Trappe schon lange aus der Momella Game Lodge ausgeschieden war, wollten die einseitigen nachbarlichen Feindseligkeiten kein Ende nehmen.

Jim hatte für unsere Gäste Ausflüge zur historischen Trappe-Farm organisiert. Bei Nachmittagstee und Kuchen, gegen Bezahlung natürlich, wußte Halinka schreckliche Dinge über die neuen Herren auf Momella zu berichten. Ich bin ein paarmal ernstlich von Touristen gefragt worden, ob es denn stimme, daß wir niemals die Kaufsumme für das Land entrichtet hätten und die armen Trappe-Söhne deshalb nicht in die Schule gehen könnten. Im Laufe der Zeit nahmen die Verleumdungen einen derart gefährlichen Charakter an, daß ich auf Einstellung der Exkursionen zur Trappe-Farm bestehen mußte und mich veranlaßt sah, Halinka Trappe durch meinen Anwalt einen Brief schreiben zu lassen, mit der

Aufforderung, die böswillige Verbreitung von Gerüchten einzustellen. Der Brief tat seine Wirkung. Einige Zeit später traten die Trappes und die Momella-Leute wieder in normale nachbarliche Beziehungen.

Damals aber, im Frühjahr 1962, wurde die Lage unhaltbar, und es war klar, daß wir Rolfs Wunsch nach Ausscheiden aus der Lodge entsprechen mußten. Ich machte mich daran, den gordischen Knoten zu entwirren.

Zunächst nahm ich Kontakt mit dem Fürsten zu Wied auf, der sich an einer baldigen Klärung der Angelegenheit äußerst interessiert zeigte. Das Hauptproblem jedoch bestand in der hohen Forderung, die die EFKA-Werke bei Trappes geltend gemacht hatten. Auf der Suche nach einer geeigneten Lösung kam ein Angebot der National Parks von Tansania wie gerufen. Bernhard Grzimek, der Mentor der ostafrikanischen Tierschutzgebiete, war bei dem Fürsten zu Wied vorstellig geworden und hatte den Hypothekengläubiger davon unterrichtet, daß die National Parks das Gebiet der Momellaseen mit ungefähr 4000 Acres sehr gern käuflich erwerben würden. Somit lag der Ausweg aus dem allgemeinen Wirrwarr auf der Hand:

Die National Parks kaufen das Gebiet der Seen.

Momella Game Lodge kauft das vereinbarte Areal.

Aus den Verkaufserlösen werden EFKA-Werke und Fürst zu Wied abgefunden.

Die Familie Trappe kommt zwar nicht in den Genuß von Bargeld, wird aber durch diese Regelung von ihren Schulden befreit und behält die Gebäude der alten Farm mit einem Umschwung von 1000 Acres.

So schnell wie sich dies hinschreiben läßt, war der gordische Knoten natürlich nicht aufzudröseln. Es sollte noch viel Wasser den Ngare Nanyuki hinunterfließen, bevor alle Parteien befriedigt waren.

Besonders ein Mann hat sich in diesem ständigen Hin und Her parlamentärische Verdienste erworben: Werner von Blumenthal. Der alte Momella-Liebhaber schaltete sich am 11. Mai 1962 in die Gespräche ein, indem er mir schrieb, daß er, nunmehr sechzigjährig, sich von der Adam Opel AG zurückziehen und für den Rest seines Lebens wenigstens sechs Monate pro Jahr auf Momella leben wolle. Seine Leidenschaft sei die Jagd, und von Momella aus gedenke er auf Safari zu gehen. Er bot sich an, die Anteile Rolf Trappes zu übernehmen und der dritte Mann auf der Lodge zu werden. Dieser Vorschlag, der von Jim und mir sehr begrüßt wurde, kam dann später zwar nie zur Ausführung, hatte aber zur Folge, daß Werner von Blumenthals eigenes Interesse die Entflechtung entscheidend vorantrieb.

Zu jener Zeit war mir Afrika schon zum Lehrmeister geworden, und ich hatte es mir abgewöhnt, alles sofort, noch heute, erreichen zu wollen. Weitere fünfzehn Monate gingen ins Meruland, bevor es endlich soweit war. Im September 1963 entrichtete ich 5000 Pfund Sterling als Kaufpreis für das Land und im Oktober weitere zusätzliche 1000 Pfund zwecks Teilablösung der Hypothek. Die Grenzen unseres Landes wurden abgesteckt, Kaufverträge unterschrieben und die Momella Game Lodge Ltd. als neuer Besitzer ordnungsgemäß ins Grundbuch eingetragen. Momella war für 99 Jahre in unseren Besitz übergegangen.

7. Blatt

Es enthält vier kleine Geschichten über Menschen und Tiere in den ersten Jahren der Momella Game Lodge.

Kniekehlen in der Nacht

Zu der Zeit, als die sagenhafte Einweihungsfeier gerade stattgefunden hatte und die Monsune vom Indischen Ozean immer noch riesige Mengen Wasser über Momella abluden, lebte Jim noch nicht in der neuen Lodge. Er leitete immer noch die Farm Vehicles und bewohnte nach wie vor mit Dorothy die Villa in Arusha. Täglich fuhr er während seiner freien Zeit den langen Weg von der Stadt nach Momella und zurück.

Eines Abends, es war spät geworden, stand zu befürchten, daß der dreschende Regen die Wege unbefahrbar gemacht hatte und Jims Mercedes-Diesel nicht durchkommen würde. Ich holte deshalb August aus dem Stall, um den Stadtwagen sicher heimzugeleiten. Dies sollte sich als eine gute Vorsichtsmaßnahme erweisen, denn der Diesel blieb zwei- oder dreimal an Stellen stekken, wo der Schlamm knietief war. August, der Vierradgetriebene, zog ihn jedesmal heraus.

Von den Höhen bei Ngongongare aus geht es bis zur Asphaltstraße nur noch bergab, und Jim überzeugte mich davon, daß er von nun an keine Probleme mehr haben würde und ich besser umdrehen solle. Ich wartete noch ab, bis die roten Schlußlichter des Mercedes den großen Sumpf passiert hatten und in der Nacht verschwunden waren. Dann drehte ich um und brauste, so schnell August es zuließ, nach Momella zurück.

Der Regen floß zentimeterdick über die Windschutzscheibe. Der einzige Scheibenwischer ermüdete allmählich unter dem langweiligen Links-Rechts-Rechts-Links und gab, in Halbstellung stehenbleibend, den sinnlos gewordenen Kampf schließlich vollends auf. Das bißchen Licht aus Augusts altertümlichen Scheinwerfern ertrank nach zwei Metern in der dunklen Wand aus Wasser. Zu sehen war wirklich nichts mehr. Aber kannte ich den Weg mit all seinen Windungen und Tücken nicht wie meine eigene Tasche? Also hoppla und nach Hause.

August und ich kamen gerade lärmend um eine Kurve, als ein unendlich hohes Hindernis, dessen Umriß und Ausmaß im Bruchteil der verbleibenden Sekunde vor dem Aufprall nicht auszumachen waren, sich vor uns auftürmte. Ich glaubte, vom Fahrweg abgekommen zu sein und auf einen Felsen zuzubrausen. Natürlich war mein Fuß sofort voll auf der Bremse, aber die blockierten Räder schlidderten nur geradeaus durch den Schlamm. Im Moment des Aufpralls konnte ich zu meiner größten Überraschung erkennen, daß es kein Felsen war, in den ich hineinfuhr. Es war das Hinterteil eines alten Elefanten. Die eiserne Stoßstange meines August erwischte ihn an den oberen Waden. Die Kniekehlen knickten ein. Das Trompetengeschrei war ohrenbetäubend. Instinktiv schaltete ich den Rückwärtsgang ein und wartete auf den Angriff aus der Dunkelheit. Nichts kam. Stille. Im Donnern des Regens war nichts mehr zu hören. Die Schwärze der Nacht ließ nichts erkennen. Ich glaubte zu ahnen, wie irgendwo, ein paar Meter weiter, der große Alte sich ebenso von seinem Schreck erholte wie ich. Der Versuch, eine halbnasse Zigarette anzuzünden, schlug fehl. Langsam und vorsichtig fuhr ich nach Momella zurück.

Das Nashorn und der Felsen

Um einen besseren Überblick zu bekommen, war Jim beim Bau unseres Landestreifens für Sportflugzeuge auf einen Baum geklettert. Der dicke Ast hatte dem Gewicht meines Partners beim besten Willen nicht standhalten können und war ohne vorherige Warnung abgebrochen. Beim Aufprall auf den Boden hatte sich Jim das Handgelenk gebrochen. Der schnell angelegte Gipsverband war zwar blütenweiß und äußerst dekorativ, zog aber bei meinem löwenmähnigen Brummbären tagelange Unmutskundgebungen nach sich. Um ihn auf andere Gedanken zu bringen, schlug ich vor, auf Entdeckungsreise zu gehen.

Die National Parks hatten zu jener Zeit den größten Teil der Trappe-Farm erworben und damit eine Lücke zwischen dem Ngurdoto-Krater-Park und unserem Momella-Privatpark geschlossen. Auf Regierungsbeschluß war uns dabei, zu unserem größten Leidwesen, der Kahnsee verlorengegangen. Als Kompensation dafür hatte man uns Land zugeschlagen, das westlich unseres Besitzes liegt und an den Ngare Nanyuki anstößt. Dieses Gebiet kannten wir noch nicht. Wir wußten lediglich von Rolf Trappe, der auch schon Ewigkeiten nicht mehr dort gewesen war, daß es aus Wald und Sumpf bestand. Um mehr darüber zu erfahren, schlug ich meinem mißmutigen Invaliden vor, dieses Gebiet zu durchstöbern. Eines Morgens zogen wir los. Wir nahmen keine Waffen mit, denn wir haben oft genug erfahren, daß man sich nur allzuleicht auf ein Gewehr verläßt. Mit einer geladenen Flinte in der Hand fühlt man sich sicher und läuft bedenkenlos in alles hinein. Ein aufgeschrecktes Tier sieht sich bedroht und greift an. Ein angreifendes Tier wiederum wird leicht geschossen. Wir aber wollten den Tierbestand bei uns vergrößern. Aus diesem Grunde blieben die Waffen zu Hause.

Der Wald erwies sich als eine Fundgrube. Wir stießen auf eine Büffelherde, die donnernd abging. Überall waren Spuren zu finden von Elefanten, Böcken, Giraffen, Warzenschweinen und Leoparden. Zwischen alten Ahornbäumen wuchs dichter Busch. Immer wieder standen wir vor gut drei Meter hohen Felsbrocken aus Lavagestein. Der Mount Meru ist ein erloschener Vulkan. Im Jahre 1875 soll er explodiert sein. Dabei brach die ganze östliche Flanke ab und stürzte zu Tal. Eine immense Zahl von Felsen wurde meilenweit, bis tief in die Steppe geschleudert. Wenn man vom Kraterrand des Meru nach Momella hinunterblickt, erwecken die überall auf dem Hochplateau verteilten Brocken aus Lavagestein den Eindruck, als hätten Riesen vor Urzeiten Hände voller Kieselsteine achtlos um sich gestreut.

Um einen solchen Klotz von Lava zogen wir gerade herum, als ich zögernd stehenblieb. Jim lief auf mich auf und wollte wissen, was los sei.

»Hier riecht es nach Nashorn«, gab ich zur Antwort, aber ich glaube, ich kam nur bis zu der Silbe NAS, da krachte es im dichten Gestrüpp, und der aufgestöberte Vieltonner stürmte auf uns zu. Schneller als ich denken konnte, rettete ich mich auf den großen Felsen. Erst als ich oben stand, und das Nashorn vor dem Felsen abbremste, fiel mir ein, daß Jim mit seinem bis zum Ellbogen eingegipsten Verband ja nicht so schnell klettern könne. Voller Gewissensbisse drehte ich mich suchend um. Jim stand hinter mir. Er mußte trotz seines beachtlichen Gewichts und seiner verpackten Hand genauso schnell oben gewesen sein wie ich. Der Rückweg ging schwieriger vonstatten. Nachdem das aufgebrachte Nashorn endlich verschwunden war, brauchte ich gut eine Viertelstunde, um meinen armbehinderten Freund wieder nach unten zu bugsieren.

Das Flußpferd

Jim weiß eine herrliche Geschichte zu berichten: Es waren einmal zwei Herren auf Momella, die Flußpferde aus nächster Nähe fotografieren wollten. Also fuhr Jim sie in unserem kleinen Boot mit Außenbordmotor auf einem der Momella-Seen herum.

Einer der Herren verspürte ein menschliches Rühren und Jim wies auf die Tatsache hin, daß man ja ungestört über Bord pinkeln könne. Das ginge nicht, meinte der Herr, denn Schwerwiegenderes sei im Anzuge. Ob man denn nicht auf einer der kleinen Inseln dort vorne anlegen könne? Jim hielt nicht viel von dieser Idee, denn zu gewissen Stunden des Tages kann es vorkommen, daß Flußpferde ihre Spiele im Wasser aufgeben und sich im verfilzten Unterholz einer solchen Insel der Nachmittagsruhe hingeben. Weil aber der Gast keine Ruhe gab, ließ Jim sich überreden, unter der Bedingung, mit an Land gehen zu können. Der andere Herr solle inzwischen das Boot am Ufer festhalten. Gesagt, getan.

Jim klatschte laut in die Hände und rief irgend etwas in das Gebüsch hinein. Nichts rührte sich. Von Jims auffordernderem Kopfnicken zur Aktion ermuntert, ließ der Herr die Hose zu Boden sinken. Im gleichen Moment erschallte ein markerschütternder Schrei. Ein Flußpferd, keinen Meter entfernt, muß wohl aus tiefstem Schlaf erwacht und zu seiner größten Überraschung am hellen Nachmittag den Vollmond gesehen haben. Der Herr versuchte zu fliehen, fiel aber dabei über seine um die Knöchel gewickelte Hose und landete bäuchlings im Gebüsch. Jim saß auf dem nächsten Kaktusbaum. Das Flußpferd stürzte sich kopfüber ins Wasser, und zwar haargenau an der Stelle, wo das kleine Boot lag. Der wartende Mann in der Nußschale von Außenborder sah plötzlich ein riesiges schwarzbraunes Etwas über sich hinwegsegeln und wäre beim Aufschlagen des Ungetüms auf das Wasser und plötzlichen Wellengang beinahe über Bord gefallen. Der arme Mann soll vor Schreck fast einen Herzanfall erlitten haben.

Das erste Trinkgeld

Einmal suchte uns ein Ehepaar aus Frankfurt heim, dem man nichts recht machen konnte. Die Betten waren zu kurz, das Badezimmer zu groß, die Suppe zu kalt und die Sonne zu heiß.

Unsere Boys, die für alles und alle sofort einen Namen finden, gaben ihnen die Gütemarke »Gewächse des grauen Nebels« und begannen Wetten abzuschließen, wer den beiden Meckerköppen zuerst die Koffer vor die Tür stellen würde, Bwana Jim oder Bwana Hardy.

An einem schönen Vormittag saß ich auf der Veranda meines kleinen Holzhauses und arbeitete an einem Drehbuch, als unsere neue Sekretärin Ulla mit Tränen in den Augen zu mir kam und sagte: »Jetzt wollen die beiden Zaubermenschen auch noch in den Wald!«

»Dann lassen Sie sie doch gehen, vielleicht sehen wir sie dann nicht wieder«, war mein Vorschlag.

»Sie wollen gefahren werden«, meinte die unglückliche Ulla. »Jim ist in Arusha und Abdul auf Urlaub. Bitte tun Sie mir den Gefallen — fahren Sie die beiden. Die wollen unbedingt Elefanten sehen.«

Ich sah auf die Uhr. Es war elf Uhr am Vormittag und so warm, wie es auf Momella im Sommer nur werden kann. Um diese Stunde stehen die Elefanten im Schatten des dichten Waldes, unerreichbar für jeden, der sie im Auto besuchen will. Deshalb sagte ich auch, nunmehr selbst Verständnis suchend: »Wo soll ich denn um diese Stunde Elefanten auftreiben?«

»Ich weiß«, wurde ich von der hübschen Ulla angefleht. »Klar, daß Sie jetzt keine finden. Aber nehmen Sie mir bitte die beiden Frankfurter ab. Die bringen mich zur Verzweiflung. Bitte! Fahren Sie sie irgendwohin. In den See von mir aus. Beschäftigen Sie sie ein bißchen. Und wenn es nur für zwei Stunden ist.«

Seufzend setzte ich mir meinen alten Hut auf den Kopf und die dunkle Brille auf die Nase und rollte August vor Bungalow Nummer 6. Momellas Lieblingskinder stiegen ein. Hinten natürlich, denn neben mir wollte ich die beiden, nach allem, was ich über sie gehört hatte, nicht haben.

Die Fahrt ging durch Busch, Eukalyptuswald, wieder Busch und Hügel. Es war ein Tag zum Träumen. Der Kilimanjaro hatte sein Haupt zwar in Wolken gehüllt, aber der Mount Meru stand leuchtendrot vor hellblauem Himmel. Die wilden Götter Afrikas hatten alle ihre Farbtöpfe über dem Land ausgegossen, bevor sie, mit sich selbst zufrieden, in der Stunde des Mittags eingedöst waren. Auch die Tiere schienen zu schlafen.

Von hinten kam die mürrische Frage: »Gibt es denn hier überhaupt Wild?« Ich dachte, wie arm doch solche Menschen eigentlich sind, die einen grauen Vorhang vor ihre Augen ziehen, und deutete wortlos auf Büffeldung und Elefantendroppings neben dem staubigen Weg.

Was tun meine schläfrigen afrikanischen Götter, wenn ich nicht mehr weiter weiß? Sie greifen helfend ein. Ich glaubte meinen Augen nicht trauen zu dürfen, als ich weit hinten am Horizont eine Herde von Elefanten über die Hügel ziehen sah. Der Richtung nach zu urteilen, wollten sie zum kleinen Momellasee. Ich schnitt ihnen den Weg ab und erreichte die Tränke glücklicherweise in dem Moment, als nur noch zwanzig Meter zwischen Herde und Wasser lagen. Durch den Wagen gestört, verharrten die Elefanten und warteten auf die Freigabe des Weges. Ich stieg aus, um eine Zigarette zu rauchen und nahm an, daß meine Fahrgäste nun fotografieren würden. Da hörte ich eine unzufriedene weibliche Stimme sagen: »Ist das alles? Wenn wir bei uns in Frankfurt in den Zoo gehen, können wir die Elefanten näher sehen.«

Das war zuviel. Die erste Kuh stand so nahe, daß in den Suchern der Kinderspielzeug-Teleobjektive des entzückenden Paares Elefantenaugen und Flappohren bildfüllend zu sehen sein mußten!

Während ich mich wieder hinter Augusts Steuer klemmte, fragte ich: »Sie wollen näher ran?« und die Ahnungslosen meinten, daß sie das wollten.

Ich fuhr mitten hinein in den äußeren Rand der Herde. Wütendes Trompeten von allen Seiten. Wild aufgestellte Ohren. Drohend erhobene Rüssel. Ich legte den Rückwärtsgang ein und stellte den Vierradantrieb auf High Speed. Die beiden am nächsten stehenden Kühe begannen, sich im Kreise zu drehen. Links neben Augusts grüner Holzwand tauchte ein riesiger Elefantenarsch auf, machte der langen Flanke Platz und ließ als nächstes den Rüssel vorbeisausen. Rechts genauso: Arsch, Flanke, Ohren, Rüssel. Staub, zum Ersticken dick, wurde hochgewirbelt. Und ein Lärm! Ich hatte mehr als genug und drehte mich nach hinten um: »Ist Ihnen das nah genug?«

Momellas Lieblinge boten ein herrliches Bild: verängstigt wollten sie sich noch kleiner machen, als sie es ohnehin schon waren. Er lag, als Held verkleidet, mit weit ausgestreckten Armen und Beinen schützend auf ihrem Rücken. In dem allgemeinen Tumult und Lärm waren zwei dünne Stimmchen zu hören, denen zu entnehmen war, daß die Nähe ausgereicht hätte.

Die Rückfahrt nach Momella verlief schweigend. Im Compound angekommen, hatten die beiden ihre Fassung wiedererlangt. Gnädige Frau drückten mir ein Fünfmarkstück in die Hand und sagten: »Das war ein sehr interessanter Vormittag, junger Mann.«

8. Blatt

Es enthält vier Erzählungen, in denen vom Heiraten und Kinderkriegen die Rede ist.

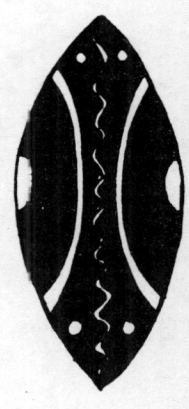

Jim

Ein lückenloses Curriculum vitae ist über James Preston
Mallory einfach nicht zu erstellen. Was ich über ihn weiß,
sind nicht mehr als kleine Steinchen in einem großen
Mosaik, die ich in vielen Gesprächen Stück für Stück auf-
lesen mußte.

Jim wurde 1924 in einem kleinen Dorf der englischen
Provinz Yorkshire geboren. Die Farm, auf der er neben
seinen beiden älteren Schwestern aufwuchs, wird heute
noch von den Eltern geführt. Vaters Traum, den Hof eines Tages seinem James überlassen zu können, ist nie in
Erfüllung gegangen. Der einzige Hinweis auf die Existenz des Sohnes hängt in Form eines Ölgemäldes über
dem Kamin des elterlichen Wohnzimmers: James Preston
in englischer Uniform mit vielen Reihen von Ordens-
spangen über der linken Brusttasche.

Der Großvater war ein »Squire«, was in England soviel
wie Großgrundbesitzer bedeutet. Der steinalte, energie-
geladene Grandseigneur war das Unikum der Grafschaft,
eine Münchhausen-Existenz. Er unterwies den halb-
wüchsigen James schon früh in der großen Kunst des
Trinkens und lenkte die Aufmerksamkeit seines Enkels
auf die Freuden irdischen Daseins in Form von wohlgeratenen Bauerntöchtern.

Mit fünfzehn brannte Jim durch und ging nach Jamai-
ka.

Bei Kriegsausbruch meldete er sich freiwillig und kämpfte mit den »Wüstenratten« Montgomerys gegen das Afrikakorps unter Rommel. Er geriet in Gefangenschaft, konnte aber fliehen. Auf dem italienischen Kriegsschauplatz kam er ein zweitesmal in Gefangenschaft und wurde nach Oberschlesien verfrachtet, wo er in einem Bergwerk arbeiten mußte. Es gelang ihm, Kontakt mit den polnischen Partisanen aufzunehmen, die ihm zur Flucht verhalfen. Auf abenteuerlichen Wegen gelang es ihm, sich über Dänemark nach England durchzuschlagen.

Bei Kriegsende war er wieder in Deutschland. Der Secret Service hatte ihn angemustert, beim großen Aussortieren mitzuhelfen. Unter den Deutschen mußten die Böcke von den Schafen getrennt werden. Jims Kenntnisse der deutschen Sprache leisteten dabei gute Dienste. Seine Mutter stammte aus Hamburg und hatte mit dem Sohn oft deutsch gesprochen.

In den fünfziger Jahren waren die politischen Schutträumungsarbeiten, zumindest für die Engländer, zum Abschluß gekommen. Jim reichte seinen Abschied ein und schied als Major aus den Diensten seiner königlichen Majestät.

In Deutschland hatte er Dorothea kennengelernt, Mutter zweier Töchter, von einem Dänen geschieden. Dorothea wollte nach Tanganjika zurück, wo sie geboren war und ihre Mutter, von allen Leuten in Arusha liebevoll »Omi« genannt, noch immer die alte Farm führte. Die junge Frau drängte den abgedankten englischen Offizier, gemeinsam mit ihr in Ostafrika etwas Neues zu beginnen und wußte von Tanganjika in so eindringlichen Worten zu sprechen, daß Jim schließlich zusagte. Dorothea reiste mit ihren Kindern ab. Jim kaufte sich ein Auto und ging auf Entdeckungsreise. Er ließ sich viel Zeit und besuchte erst einmal die arabischen Länder, bevor er allmählich seinen Wagen in Richtung Süden lenkte und, über Äthiopien, Somaliland und Kenia kommend, seinen Einzug in Arusha hielt. Er kam nach Afrika der Liebe wegen und blieb.

In den ersten Jahren half er mit auf Omis Farm. Später übernahm er das Management der »Farm Vehicles«. An diesem Punkt seines Lebens kreuzten sich unsere Wege.

Zu Beginn des Jahres 1962 gab Jim seine Stellung als Manager bei der Autofirma auf und zog mit Dorothea nach Momella, um die Leitung unseres Buschhotels zu übernehmen. Ein Jahr später trennten sich Jim und Dorothea. Jim baute und leitete, er bewirtete Gäste und verteidigte, wenn ich irgendwo anders zu arbeiten hatte, allein unser neues Reich gegen alle Anfeindungen von außen. Wie ein knorriger, verwitterter Baum stemmte er sich gegen jeden Sturm.

Jim ist ein Pionier. Ein Hotelier wird aus ihm nie werden. Wenn Gäste ankommen, klappt er nicht in der Manier eines Empfangschefs nach vorn zusammen. Um seine Mundwinkel erscheint kein eingefrorenes Gastwirtelächeln. Es kann passieren, daß er einem soeben angekommenen Gast entgegengeht und grinsend fragt: »Na, was willst du denn hier?«

Wer Humor hat und ein Gespür für entgegengebrachte Wärme, die im Widerspruch zu den ausgesprochenen Worten steht, wird sich sofort zu Hause fühlen. Derjenige aber, der nur die Worte auf die Waagschale legt, fährt spornstreichs weiter. In solchen Fällen ist Jim dann immer verwundert.

Einmal hat sich ein Gast bei mir über ihn beschwert. »Denken Sie nur«, sagte er, »ich habe heute morgen Mr. Mallory ein Kompliment machen wollen, weil seine Lodge so sauber ist, ganz im Gegenteil zu dem Soundso-Hotel, wo dicker Staub auf den Nachttischen lag. Und wissen Sie, was Ihr Partner mir geantwortet hat? Er hat gesagt: ›Wenn Sie das schon gestört hat, dann sollten Sie mal zu mir in die Küche kommen‹!«

Ich bin sicher, daß der betreffende Gast, der sich dieser Episode sicherlich noch erinnern wird, bis heute nicht begriffen hat, warum ich vor seinem empörten Gesicht so lange gelacht habe, bis mir die Tränen kamen.

Ulla

Wir sahen sie zum erstenmal im Sommer des Jahres 1963. Jim war mit dem Bauen der neuen Häuser für das ständig wachsende Personal beschäftigt. Ich kam vom Sumpf zurück, den ich durch das Anlegen von Gräben entwässern wollte. Auf dem Fußmarsch zur Lodge zurück war mir ein Nashorn begegnet. Ein rettender Baum war nicht in der Nähe gewesen, aber der Wind hatte günstig gestanden. Ich war stocksteif stehengeblieben. Das kurzsichtige Nashorn muß mich wohl für einen vertrockneten Baumstumpf gehalten haben. Es war, ohne von mir Notiz zu nehmen, an mir vorbeigezogen.

Jim und ich hatten uns vor der Mittagshitze unter die Veranda zurückgezogen und unsere müden Füße auf dem niedrigen Tisch ausgestreckt. Pedro, der Barman, brachte eisgekühlte Getränke. Faul und dösend hingen unsere Blicke in dem grünen Land vor uns. Laut schnatternd kamen aus allen Richtungen die afrikanischen Bautrupps durch die flimmernde Luft gezogen und hockten sich im Schatten der Garage vor ihren Kochtöpfen nieder.

Dies war die geheiligte Stunde der Mittagsruhe, deren schläfriges Schweigen nicht durchbrochen werden durfte. Jim hielt sich nicht an die Spielregeln. Er sagte: »Eine offizielle Abordnung deiner Landsleute ist heute in Arusha.«

»Was für eine Abordnung?« fragte ich mißmutig.

»Verkaufsleiter von Reisebüros. Elf Stück. Von den wichtigsten Reisebüros, glaub' ich. Die, die Touristen nach Ostafrika bringen wollen.« Jim sah weiter ins Grüne.

»Wann kommen sie nach Momella?« wollte ich wissen, und Jim sagte in einem Ton, der Desinteresse vortäuschen sollte: »Überhaupt nicht. Mal wieder das Übliche. Die Leute werden an Momella vorbeigeführt. Ich wette, daß keinem von ihnen gesagt worden ist, daß wir überhaupt existieren.«

Ich begann zu begreifen und wollte wissen, wo die Reiseleute in Arusha zu finden wären.

»Beim Lunch im Safari-Hotel. Mit Blumen und Festreden.«

»Sind wir eingeladen?«

»Natürlich nicht«, grinste Jim.

»Also dann gehen wir«, entschied ich, und Jim kletterte glücklich auf den Beifahrersitz in unseren alten August.

Eine Stunde später platzten wir ungewaschen und in Arbeitskleidung in den Bankettraum. Die Überraschung bei meinen Landsleuten aus dem Touristikgeschäft war ziemlich groß. Sie wollten natürlich wissen, was mich nach Arusha verschlagen hätte. Die guten Leute erhielten bereitwilligst Auskunft. Auf dem Rückweg meinte Jim: »Perfekter Fall von Highjacking.«

Kurz danach trafen, in Abänderung der Reiseroute, die Fahrzeuge der Verkaufsleiter in Momella ein. Aus einem Auto stiegen die längsten und mehr als wohlgeratenen Beine der Welt. Die Besitzerin derselben trug schulterlanges, dunkelbraunes Haar und wies sich vermittels einer Visitenkarte als Fräulein Ulla Gemming, Abgesandte des Reisebüros Stürmer in Mannheim aus. Interessiert stellte sie Sachfragen nach Bettenzahl, Verpflegung und Ausflugsmöglichkeiten und so weiter und bekam die entsprechenden Antworten. Jim sprach die herzliche Einladung aus, einen oder zwei Tage auf Momella zu verweilen (eine Geste der Gastfreundschaft, die selbstverständlich an alle Beteiligten gerichtet war), wurde aber des festgelegten Programms wegen abschlägig beschieden. Nur allzubald verließ die Autokolonne mit den teuren Gästen wieder unseren grünen Hof. Zwei frauenlose Hausherren blieben winkend zurück.

Nur wenige Monate später traf auf Momella ein Brief ein. Das Fräulein aus Mannheim schrieb, daß sie die Absicht hätte, ihren diesjährigen Urlaub in Ostafrika zu verbringen. Sie gedächte nicht als Tourist zu kommen, sondern wolle vielmehr im Lande arbeiten, um im direkten Kontakt mit den Menschen einen Eindruck aus erster Hand zu bekommen. Aus diesem Grunde böte sie ihre Dienste als Sekretärin auf Zeit an. Sie verlangte keinerlei Gehalt, lediglich freie Kost und Logis. Jims Antwort fiel natürlich positiv aus und sehr bald danach verfügte Momella über eine Sekretärin.

Mein Partner, der bislang nur im Busch und auf den Baustellen zu finden gewesen war, entwickelte über Nacht ein nie gekanntes Interesse an Büroarbeiten. Während der Ablage alter Korrespondenz und beim Diktieren neuer Briefe zeigte er keinerlei Ermüdungserscheinungen.

Jim und die Lodge waren offenbar in besten Händen. Ich packte mein Zelt auf Augusts Ladefläche und verschwand im Busch, denn ich hatte seit Jahren keine Ferien gemacht und konnte ein bißchen Alleinsein gut vertragen. Als ich nach Momella zurückkam, war Ulla Gemming beim Kofferpacken. Ihr Arbeitsurlaub war zu Ende gegangen. Jim schenkte mir an der Bar einen Doppelten ein und entwickelte mir seine neuesten Pläne. Auf das Büro zu sprechen kommend, meinte er beiläufig:

»Ulla scheint es sehr gut bei uns zu gefallen. Sie möchte wiederkommen. Tatsächlich. Sie möchte sogar länger hier bleiben. Wenn wir einverstanden sind, würde sie bei ihrem Reisebüro kündigen und bei uns eine feste Stelle annehmen. Was ihr Gehalt anbetrifft, da hab' ich mich schon mit ihr geeinigt. Was meinst du? Wir brauchen unbedingt eine Sekretärin. Und Ulla ist erstklassig. Findest du nicht, daß wir zugreifen sollten?«

Natürlich fand ich, daß wir zugreifen sollten. Ulla kündigte in Mannheim zum nächstmöglichen Termin.

Im Juni 1964 erreichte mich ein Brief, in dem Jim schrieb: »Teil mir doch bitte mal mit, wann du den Betrieb hier für ein paar Wochen übernehmen kannst. Höchste Zeit, daß ich mal wieder nach Europa komme. Muß sehen, ob es irgendwo in England noch ein Stück Papier gibt, das meine Geburt bescheinigt. Ich nehme Ulla mit, weil sie auch in Mannheim in alten Dokumenten wühlen muß. Ja, alter Junge, du hast es erraten. Ich war leichtsinnig genug, von Heiraten zu sprechen. Wie alle guten Gedanken, ist mir auch dieser in der Badewanne gekommen. Bisher bin ich zwar nicht wieder darauf angesprochen worden, ich glaube aber zu ahnen, daß unsere deutsche Sekretärin präzisere Terminangaben wünscht. Also: wann kannst du den Laden hier übernehmen?«

Francesca

Am letzten Abend des Jahres 1962 bin ich in Lugano einem Mädchen begegnet, das einem Bild von Botticelli entstiegen zu sein schien. Alles an ihr — Gesicht, Schultern, Hände, die Art, ihren Kopf zu tragen und wie sie sich beim Tanzen bewegte — hatte seine feinen Wurzeln in einer längst vergangenen Welt und wollte so gar nicht in die lärmende Fröhlichkeit des Silvesterabends passen. Einmal tanzte ich mit ihr. Dann verlor ich sie aus den Augen. Nicht sehr viel später traf ich sie unter der Sonne des Engadin wieder. Mit der gleichen Harmonie der Bewegungen, mit der sie getanzt hatte, führte sie auch ihre Ski.

Den späten Frühling des neuen Jahres verbrachte ich in Rom, um mit Michelangelo Antonioni einen Film vorzubereiten, und — um Francescas Muttersprache zu erlernen. Mein Renaissancemädchen sprach nicht Deutsch. Was wir uns zu sagen hatten, sagten wir auf französisch.

Kaum nach Lugano zurückgekehrt, machte ich mich auf die Suche nach ihr. Ich fand sie in der Kunstschule. Die achtzehnjährige Tochter des Architekten Marazzi wollte Malerin werden. Wenn ich sie von der Schule abholte, zwängte sie überdimensionale Zeichenblöcke durch die Tür meines Wagens. Viel Zeit hatten wir nicht füreinander, denn sie mußte lernen und mich zwangen ständige Berufsreisen zu längerer Abwesenheit von meinem Haus am Luganer See. Doch dann kam der Sommer. Meine Kunstschülerin hatte Ferien. Ich kletterte in München in die kleine Cessna, dippte über dem Starnberger Haus meiner Mutter die Flächen und ging auf Südkurs. Über dem Gotthard schaltete ich mein Radio auf die Frequenz des kleinen Sportfliegerplatzes von Lugano. Ich bat den Turm, mir einen persönlichen Gefallen zu tun:

»Bitte rufen Sie die und die Nummer in Lugano an und fragen Sie Signorina Francesca, ob sie mich abholen könne.«

Sie war mit der Straßenbahn gekommen. Ich sah sie schon, als die Räder meiner kleinen Maschine auf der Betonpiste aufsetzten. Eine zarte Mädchengestalt wartete auf mich vor dem Hangar. Unter dem linken Arm trug sie einen Zeichenblock. Der schönste Sommer meines Lebens hatte begonnen.

Nun war es an mir, meinem Freund Jim ein Geständnis zu machen. In einem langen Brief teilte ich ihm mit, daß ich nach Hause kommen würde, sobald ich meine vertraglichen Verpflichtungen erfüllt hätte. Diesmal aber nicht allein.

Es fehlten noch zwei Tage bis zum Jahr 1964, als Francesca ihren Einzug in Momella hielt. Jim und Ulla gaben ihr ein großes Fest zur Begrüßung. Eine Stunde nach Mitternacht kam ich auf die Idee, ihr ein paar Büffel oder Elefanten, auf jeden Fall aber meine neue Heimat bei Nacht zu zeigen.

Es war stockdunkel, und ich geriet auf einen Weg, den die National Parks neu angelegt hatten, von dessen Existenz ich aber keine Kenntnis hatte. Ich wollte Jims Landrover (August wurde nach fünfzehn Jahren zum erstenmal generalüberholt) auf dem neuen Buschweg umdrehen. Das Manöver gelang mir nur höchst unvollkommen. Unter großem Poltern und Splittern fiel der Landrover nach vorn in ein großes Loch. Nach der überraschenden Ursache suchend, ertastete ich in der Finsternis einen metertiefen Wassergraben, den es vorher nicht gegeben hatte. Der Wagen lag bis zu den Achsen auf und konnte selbst mit dem Vierradantrieb nicht mehr von der Stelle bewegt werden. Ein Spaten war nicht zur Hand. Mit Hilfe dicker Äste versuchte ich, die Vorderräder freizugraben. Ein hoffnungsloses Unterfangen. Wir waren oben auf den Hügeln steckengeblieben. Die Lichter Momellas flimmerten zu uns herauf. Leise Musik wehte von dort unten durch die Stille der Tropennacht. Das Fest war immer noch im Gange.

Ich entzündete ein großes Feuer als weithin sichtbares Zeichen. Niemand schien es zu bemerken. So sagte ich zu Francesca, sie solle ein wenig im Wagen warten, ich würde nach Momella laufen und ein anderes Fahrzeug holen. Meine Italienerin schüttelte energisch die blonden Locken. Nein, meinte sie, das sei sicher zu gefährlich, während der Nacht im Busch herumzulaufen. Ihre grünen Augen flehten mich an: wenn du gehst, komme ich mit.

Es blieb mir keine Wahl. Francesca machte sich mit mir auf den Weg. Wir sind nicht weit gekommen in jener Nacht. Schon nach hundert Metern forderte uns ein gewaltiges Schnauben auf, stehenzubleiben. Wir hatten ein Nashorn in seiner Ruhe gestört. Vorsichtig geleitete ich Francesca zum Landrover zurück. Nachdem wir eine Weile am Feuer gewartet hatten, versuchten wir es von neuem. Wieder das gleiche warnende Schnauben an der gleichen Stelle. Auch die beiden nächsten Versuche zu Fuß nach Momella zurückzugelangen, scheiterten an dem Unwillen des Rhinozerosses, das die Störung in der Nacht nicht hinnehmen wollte. Die Situation begann mir Spaß zu machen. Natürlich hätte ich in anderer Richtung auf einem Umwege Momella erreichen können. Aber warum sollte ich? Welcher Mann hat schon das Glück, von einem Nashorn bewacht, eine alles umschließende Nacht an der Seite seiner jungen Geliebten im Busch verbringen zu dürfen? Francescas erste Nacht auf Momella fand im Landrover statt.

Daß ich die neue Herrin nach Momella gebracht hatte,

wurde mir schon am nächsten Tag durch den untrüglichen Instinkt des Afrikaners als unumstößliche Tatsache angezeigt. Hamissi, Zeppho, Asmani-Koch und Asmani-Gärtner, Pedro, Cyrilli und mein Hausboy Fanueli liefen auf Francesca zu, hielten ihr die weitoffenen rechten Hände entgegen, umschlossen als Zeichen des Respektes mit den Handflächen ihrer linken Hände die rechten Unterarme, verbeugten sich und begrüßten das Mädchen aus Lugano mit den Worten »Jambo, Mamma.« Ich war sprachlos. All die anderen Angestellten und Helfer, die Momella vom ersten Tage an mit aufgebaut hatten, kamen herbei und sprachen die weitaus Jüngere mit »Bibi« und »Mamma« an. Asmanis Augen musterten verstohlen Francescas Bauch, der mädchenhaft flach war. Neben mir strahlte Jims Gesicht wie ein Vollmond. »Was hast du den Jungs bloß erzählt?« wollte ich von ihm wissen.

»Gar nichts«, beteuerte er. »Wie konnte ich? Du hast mir ja bis jetzt selbst noch nichts erzählt. Gewöhn dich an den Gedanken, daß deine Leute in deinen Augen lesen können.«

Zwei Jahre später, am 31. Dezember 1965, beantwortete ich die italienische Frage des Bürgermeisters von Gandria, ob ich Francesca Marazzi zum Weibe nehmen wolle, laut und deutlich mit »Si«.

Neues Leben

Am 5. April 1967 brachte Francesca unser erstes Kind zur Welt. In der Stunde der Geburt stand ich neben dem Bett und wischte meiner Frau den Schweiß von der Stirn. Beim Pressen hielt ich ihren Kopf. Mehr konnte ich nicht tun. Wie hilflos bin ich mir vorgekommen! Ein blonder Schopf kam zum Vorschein und im nächsten Augenblick rief die Hebamme: »Ein Mädchen!« Der Arzt gab meiner Tochter einen Klaps auf den Popo und drehte sie um. Ich weiß, daß Neugeborene so gut wie nichts sehen können. Aber es war doch höchst symptomatisch: das dreißig Sekunden alte Menschlein warf einen Blick aus blauen Augen auf seinen Erzeuger und stieß einen entsetzlichen Schrei aus.

Die guten Schwestern des Ordens von St. Anna in Lugano, sonst nur an Namen heiliger Vorbilder gewöhnt, zeigten keinerlei Überraschung, als ich einen nicht nur afrikanischen, sondern noch dazu heidnischen Namen in das Geburtenregister eintragen ließ: MALAIKA. Ein Wort aus der Bantu-Sprache, das MEIN ENGEL bedeutet.

Aus Momella kam ein Telegramm von Ulla und Jim und allen Boys: »WILLKOMMEN AUF DIESER ERDE, PRINZESSIN. MOMELLA WARTET AUF DICH.«

Ich fragte Schwester Dora, wann man denn mit einem Säugling reisen könne. Die Resolute antwortete: »Sobald die Mutter reisen kann.« Malaika war auf den Tag genau zwei Monate alt, als wir sie nach Momella brachten. Die Freude wurde zum Volksfest. Die Boys stritten sich darum, wer wann den Kinderwagen über den Compound schieben durfte.

In den ersten sechs Monaten ihres Lebens hat Malaika mehr Kilometer zurückgelegt, als ihre Mutter in zwanzig Jahren. Wenn wir in den Busch fuhren, lag unser Baby in ihrem Körbchen hinten im Wagen, ganz gleich ob Landrover oder VW. Einmal hatten uns die Monsune überrascht, als wir von Mombasa kamen. Ein kleines Rinnsal im Tsavo-Park war zum Fluß geworden. Francesca und ich schoben den schwimmenden Volkswagen hindurch. Hinten, unter dem Rückfenster, schlief Malaika. Zu Hause angekommen, mußte Fanueli das Körbchen aus dem Wagen nehmen, denn wir trieften vor Schlamm und

Nässe. Die Prinzessin hingegen sah aus, als hätte eine Katze sie saubergeleckt.

Manchmal wurden ihr mitten im Busch die Windeln gewechselt, wenn Löwen oder Büffel zusahen. Ein Jahr später, als sie zu sprechen begann, rief sie beim Anblick von Elefanten voller Begeisterung aus: »Da! Wau-Wau!«

Dreizehn Monate nach Malaika kam unser Sohn zur Welt. Diesmal war es mir nicht vergönnt, wenigstens am Bett zu stehen, wenn auch hilflos und untätig. Ich befand mich auf dem Rückweg von Moskau, wo ich mir vier Wochen Drehpause ausbedungen hatte, um bei der zweiten Entbindung meiner Frau zu Hause sein zu können. Mein Junge hatte es eilig und gewann das Rennen mit einer Stunde Vorsprung. Am 9. Mai 1968 kam ich um 8 Uhr früh in Lugano an, HARDY JUNIOR war aber schon seit 7 Uhr auf dieser herrlichen Welt.

Das Telegramm aus Momella war jenes Mal nur schwer zu entziffern gewesen. Nicht, weil das Telegrafenamt einen Fehler gemacht hatte. Ich glaube vielmehr annehmen zu dürfen, daß unter dem Einfluß von Whisky (auf Jims Seite) und von Pombe (seitens der Boys) die Worte etwas unzusammenhängend niedergeschrieben worden waren.

Auch der Junior hielt raschen Einzug im Land am Fuße des Meru und folgte mit verwunderten Blicken dem Vorbeizug von Giraffen, Elefanten und Büffeln in einem Alter, wo andere Kleinstkinder erstaunt die erste Straßenbahn entdecken.

Die Boys auf Momella waren stolz und verbreiteten die Kunde vom »Toto«, der eines Tages der »Bwane Kuba« sein würde, im ganzen Land. Hamissi, seit den ersten Tagen bei uns, baute sich eines Abends vor Jim auf und sagte grinsend: »Jetzt mußt du dich aber beeilen, Bwana! Findest du nicht, daß Memsab Ulla auch . . .?«

Hamissi brauchte nicht lange zu warten. Schon bald darauf bedeutete Dr. Landra in Nairobi der jungen Memsahib auf Momella, daß sich neues Leben bei ihr angekündigt habe. Die große Freude dämpfend, meinte er, daß in ihrem Falle gewisse Komplikationen auftreten könnten, nicht unbedingt müßten, aber im Bereich des Möglichen wären. Wenn es irgend ginge, solle sie die letzten Monate vor der Niederkunft nicht im Busch verbringen. So kam es, daß Ulla im letzten Drittel des Jahres 1968 nach Europa flog und in Gandria, von Francesca behütet, auf das Ereignis wartete. Ich ging nach Momella, um bei Jim Wache zu halten. Eine Eintragung in meinem Tagebuch vom November 1968 liest sich folgendermaßen:

»Jim fuhr am 23. nach Nairobi, um einige Dinge zu erledigen und Gäste abzuholen, die am 25. November um 3 Uhr früh auf dem Flugplatz ankommen sollten.

Am 25. morgens wurde mir über unser Radio ein Telegramm von meiner Sekretärin in Lugano durchgesagt: JIM IST VATER EINES MÄDCHENS!

Ich habe sofort ein riesiges Schild bemalt (Willkommen, Väterchen!) und damit die Straße vor der Farm blockiert. Jim kam erst am späten Nachmittag aus Nairobi zurück, als ich gerade beim Eierzählen war. Es gab eine Riesenfeier. Jim und ich verließen als letzte die Bar, so gegen 4 Uhr früh, auf den Nachtwächter Mzee gestützt.«

Noch am gleichen Vormittag, nach dem Genuß eines herzhaften Frühstücks und ungefähr zweieinhalb Litern Kaffee, fuhr Jim nach Nairobi und sprang in die nächste Maschine, die nach Europa flog. Zwei Tage später nahm Mboya, der Radiowache hatte, ein in Lugano aufgegebenes Telegramm auf und brachte es mir zur Farm. Da stand geschrieben: »MEINE TOCHTER HAT DEN NAMEN TANYA MOMELLA MALLORY ERHALTEN STOP ICH BLEIBE ERST MAL EINE WEILE HIER STOP FRANCESCA KOMMT MIT DEM NÄCHSTEN FLUGZEUG ZU DIR GRUSS JIM.«

9. Blatt

Es enthält wichtige Daten aus der Geschichte Tanganjikas und Sansibars von 1962 bis 1966 und schildert an Hand von Beispielen, wie man auf Momella hinter dem Mond wohnen kann.

Zeitplan der Geschichte Sansibars und Tanganjikas von 1962 bis 1966

1962:
Auf der Insel Sansibar nimmt die Bedeutung der beiden rivalisierenden Parteien »Zanzibar Nationalist Party« (ZNP) und »Afro-Shirazi Party« (ASP) erheblich zu. Das Sultanat von Sansibar, bestehend aus den Inseln Sansibar und Pemba, ist nach wie vor britisches Protektorat.

Juli 1963:
Wahlen sollen die Unabhängigkeit Sansibars vorbereiten. Die von der arabischen Oberschicht geführte »Zanzibar Nationalist Party« bekommt auf Grund des englischen Mehrheitswahlrechtes achtzehn Mandate, die »Afro-Shirazi Party« nur dreizehn.

Dezember 1963:
Sansibar erhält seine Unabhängigkeit unter der Herrschaft des jungen Sultan Jamshid.

12. Januar 1964:
Ein blutiger Staatsstreich verjagt den Sultan. Scheich Abeid Karume (ASP) wird Präsident der Volksrepublik Sansibar. Abdul Raham Mohamed, genannt Babu, der ehemalige Generalsekretär der ZNP, wird Vizepräsident. Das Einparteiensystem wird eingeführt.

Die kommunistischen Staaten erkennen unverzüglich die neue Volksrepublik Sansibar an und versprechen Wirtschaftshilfe. Sansibar ist zu diesem Zeitpunkt der einzige afrikanische Staat, der diplomatische Beziehungen zur DDR aufnimmt.

19. Januar 1964:
Die drei Bataillone der »Tanganjikan Rifles« meutern gegen ihre englischen Offiziere in Daressalam. Präsident Nyerere sieht sich veranlaßt, englische Truppen für die Entwaffnung der rebellischen Soldaten ins Land zu rufen.

April 1964:
Auf Vorschlag und Betreiben Nyereres schließen sich Tanganjika und Sansibar als Vereinigte Republik zusammen. Karume bleibt Chef auf Sansibar und wird gleichzeitig Erster Vizepräsident Nyereres. Babu wird Minister in der Regierung des Festlandes.

Der neue Name »United Republic of Tanzania« wird erst später offiziell eingeführt.

September 1965:
Bei den Parlamentswahlen wird zum erstenmal in einem afrikanischen Einparteienstaat eine Neuerung eingeführt: die TANU stellt in 101 von 107 Wahlkreisen je zwei Kandidaten auf. Der Bevölkerung wird also die Möglichkeit geboten, tatsächlich zu wählen. Eine Umgruppierung im Parlament ist die Folge. Auf Sansibar finden keine Wahlen statt.

Nyerere führt die zweijährige Dienstpflicht in dem paramilitärischen »National Service« ein.

Oktober 1966:
Die Studenten weigern sich, im »National Service« ihren
Wehrdienst zu leisten. Nyerere beantwortet diesen Pro-
test mit der Verbannung der Studenten von der Universität für ein Jahr.

Nyerere beginnt den Gedanken von einem Sozialismus,
der auf Genügsamkeit, Gleichheit und verstärkter Arbeit
aufgebaut ist, in das Volk zu tragen. Das Entstehen einer
Eliteschicht der Gebildeten und einer mächtigen Gruppe
von Bürokraten und Kapitalisten soll verhindert werden.

Die Chinesen kommen, die Chinesen kommen

Mit meiner Beschreibung eines Familienblattes bin ich
der Zeit etwas vorausgaloppiert. Mein Bericht über eine
Farm zwingt mich zur Rückkehr nach dem Momella der
frühen sechziger Jahre.

Vom ersten Tage des Aufbaus an, noch vor der Eröffnung der Lodge und lange vor der Unabhängigkeit Tanganjikas, haben Jim Mallory und ich in unserem Haus ein
System der Mitverantwortung und der gemeinsamen
Entscheidung eingeführt. Alle Angestellten wurden in
verschiedene Gruppen aufgeteilt. Je nach Art ihrer Tätigkeit schufen wir Abteilungen für Straßenbau, Gartenar-
beit, Küchenpersonal, Kellner, Maurer, Tischler und Ge-
müsefarmer. Jede Gruppe wählte einen Sprecher. Einmal
wöchentlich kamen alle Sprecher und die beiden Arbeitgeber zu einem Palaver zusammen, bei dem die Probleme und Ziele beider Seiten besprochen und in Protokol-
len festgehalten wurden. So konnten zum Beispiel die
Sprecher im Rahmen einer festgelegten Anzahl von Ar-
beitskräften mit entscheiden, wer angestellt und wer ent-

lassen werden sollte. Weitere wichtige Themen waren Hygiene und Gesundheit, Unfallverhütung und richtige Kost. Von Politik wurde kaum gesprochen. Die Tanganjikaner der frühen sechziger Jahre waren weitgehend unpolitisch. Sie hatten keine Fragen zu stellen, und Jim und ich wollten auf dem Weg zum selbständigen politischen Denken nicht beeinflussend eingreifen.

In jenen Tagen erreichte uns die Nachricht, daß 25 Chinesen, aus Sansibar kommend, durch Tanganjika reisten und den Wunsch geäußert hätten, auch Momella einen Besuch abzustatten, falls wir sie unterbringen könnten.

Die Anfrage traf wie üblich über Radio ein. Auf Momella gibt es kein Telefon. Die nächste Telefonleitung, die wir anzapfen könnten, geht von Arusha nach Moshi und liegt über 15 Meilen von uns entfernt. Eine eigene Leitung über diese ganze Strecke, quer durch Busch, Wald und Sumpf zu ziehen, wäre zu kostspielig. Außerdem würden die Elefanten sowieso ihren Spaß daran haben, die Telefonmasten umzustoßen. Um aber wenigstens eine gewisse Verbindung mit der Außenwelt zu haben, besitzen wir eine kleine Radiostation, Sender und Empfänger. Diese praktische Einrichtung hat einen großen Nachteil: private Gespräche kann man nicht führen. Alles, was bei uns ankommt und alles, was wir zu sagen haben, geht über Kurzwelle. Jeder, der ein ähnliches Radiogerät hat, kann mithören. Die Anfrage der Chinesen wurde an jenem Tag von allen Farmern der Umgebung aufgefangen. Ich konnte mir lebhaft vorstellen, wie all die zerknitterten, unrasierten Pflanzer weit draußen im Land überrascht aufhorchten. Sicher wurden die Lautstärke-Regler jetzt überall voll aufgedreht, um nur ja nicht eine Silbe unserer Antwort zu verpassen. Rauschen und Knacken kam aus dem Lautsprecher. Gebanntes Schweigen lag im Äther. Irgendwo draußen, in der Massai-Steppe schaltete sich ein Pflanzer ein: »Hello Momella-Boys! Wollt ihr nicht antworten? Wir sind gespannt, was ihr zu sagen habt!«

Jim und ich hatten von der chinesischen Agitation an der Ostküste Afrikas bis dahin nur vage gehört, persönlich waren wir ihr aber nie begegnet. Was tun? Würde das Leben in unserem kleinen Paradies gestört werden durch Fremde, die einige Stunden lang ihre leicht verständlichen, aber schwer durchführbaren Thesen vor unseren Afrikanern ausbreiteten? War es möglich, daß der Friede, der auf Taten aufgebaut ist, durch Worte gestört werden könnte? Durch Worte von Fremdlingen, die nur kommen und wieder gehen? Wir entschlossen uns zur Belastungsprobe und sandten über den Äther unsere Nachricht nach Sansibar: jeder, der Herberge sucht, ist in unserem Buschhotel willkommen.

In vier Autos kamen 25 Chinesen. Einer von ihnen trug einen Teekessel, den er nicht aus der Hand geben wollte. Jim und ich begrüßten die Ankömmlinge auf der Veranda des Haupthauses. Unsere Boys nahmen die Koffer aus Peking und wiesen den Gästen ihre Quartiere an. Und dann war absolutes Schweigen. Die Chinesen blieben in ihren Bungalows. Wir Momella-Leute gingen unserer Arbeit nach. Auch bei Sonnenuntergang schwiegen die Häuser am Fuße des Meru. Eine ungewöhnliche Situation für unsere Lodge, die sonst mit Stimmen und Gelächter angefüllt ist, sobald Gäste sich häuslich niedergelassen haben.

Kurz vor Mitternacht berichtete Mzee, der Nachtwächter, die Chinesen hätten ihr Nachtmahl im Speisesaal eingenommen und seien schlafen gegangen. Jim und ich schalteten die Lichtmaschine aus und legten uns ebenfalls zur Ruhe.

Am nächsten Morgen zwängten sich 25 Chinesen in

vier Autos und fuhren schweigend davon. Einen ganzen langen Arbeitstag geschah nichts. Dann, gegen Abend, erreichte Jim und mich die Aufforderung zu einer Sondersitzung unseres Komitees der Sprecher.

Hamissi, der Chairman des Komitees, eröffnete die Sitzung mit den Worten:

»Das Komitee fühlt sich verpflichtet, Bwana Hardy und Bwana Jim vom Verhalten der Chinesen Mitteilung zu machen.«

Jim erwiderte, daß dies nicht nötig sei, da ja auch sonst keine Mitteilung gemacht würde, wenn beispielsweise amerikanische oder deutsche Delegationen abreisten.

»Das ist etwas anderes, Bwana«, protestierte der Chairman, »etwas ganz anderes. Dieser Besuch hat uns nicht gefallen, und wir wollen sagen, warum. Erst einmal: die Chinesen haben ihren eigenen Koch mitgebracht. Zeppho und Asmani durften nicht einmal das Gemüse schneiden. Warum essen alle anderen Gäste, die wir bisher hatten, alles, was Zeppho und Asmani kochen? Haben die beiden schon mal irgend jemanden vergiftet? Haben wir schon mal irgendeinem Gast etwas Böses getan?«

Die ausdrucksvollen schwarzen Gesichter in Arbeiterhände gestützt, saßen die Sprecher in der Runde und schüttelten langsam die Köpfe, so wie es nur Afrikaner können, die damit sagen wollen: ›Wie soll man so was nur verstehen.‹

Der Chairman wandte sich an mich und erklärte: »Und noch etwas Wichtiges sollst du erfahren, Bwana Hardy. Du bist mit Bwana Jim weggegangen und hast uns mit den Chinesen allein gelassen. Wir wollten gern mit ihnen sprechen. Aber wir sind nicht zu ihnen gegangen. Wir haben gewartet. Weißt du, wann sie gekommen sind? Nicht, solange es hell war. Sie haben sich still verhalten, bis die Sonne hinter dem Berg verschwand. Bis ihr die Lichtmaschine ausgeschaltet habt. Dann sind sie in unsere Häuser gekommen und haben uns von einem anderen Leben erzählt, das besser sein kann für uns alle. Und nun frage ich dich: ›Warum haben sie uns das alles nicht erzählt, als ihr beide dagewesen seid? Der, der nur im Dunkeln spricht, spricht nicht gut.‹«

»Msuri«, kam es aus den Mündern der Runde, »gut. Hamissi hat es gut gesagt.«

Und Nko sprang auf, der Sprecher der Arbeiter in der Gemüsefarm und bat den Chairman ums Wort. Er war erregt und rief laut in die Versammlung hinein:

»Noch etwas haben die Chinesen gesagt, was hier besprochen werden muß. Sie haben behauptet, alle Menschen seien gleich und müßten die gleiche Bezahlung erhalten. Wie denken die sich das denn?« Er stellte sich vor Jim und sagte: »Wie oft habe ich in dieser Versammlung schon vorgeschlagen, daß der Farmarbeiter Saidi entlassen wird? Du, Bwana Jim, hast ihn immer behalten. Das ist ein Mann, den ich mehrmals am Tag aus dem Busch holen muß, wo er sich vor der Arbeit versteckt. Wenn die anderen fünfmal die Hacke in die Erde sausen lassen, bewegt er sie einmal. Der Mann ist faul. Und der soll gleich sein mit mir? Der soll dasselbe Geld bekommen für Nichtstun wie ich? Nein, Bwana, das geht nicht.«

Bei der anschließenden Abstimmung verwarf das Komitee einstimmig die Thesen der Fremden, die im Dunkeln gesprochen hatten. Der Kelch der Unruhe war an uns vorbeigegangen.

Das Bild einer Revolte vom Berg aus gesehen

Etwas Niegehörtes war geschehen: auf Momella war gestohlen worden. Unsere Türen sind weder am Tage noch während der Nacht abgeschlossen. Nie war etwas abhanden gekommen. Am 19. Januar 1964 beschuldigte das Komitee der Sprecher einen Angestellten, die Gemeinschaftskasse für Trinkgelder aufgebrochen und deren Inhalt entwendet zu haben. Bei der außerordentlichen Sitzung wurden Jim und ich zu Richtern über den Beklagten bestellt, der die Tat abstritt. Zwei Zeugen machten fadenscheinige Aussagen. Chairman und Sprecher des Komitees forderten von uns einen weisen Spruch. Sie erwarteten die Verurteilung des vermeintlichen Räubers. Da die Beweise nicht ausreichten, gab Jim vor der Versammlung folgende Erklärung ab:

»Es ist uns unmöglich zu befinden, daß ihr recht habt und jener unrecht. Die Zeiten der Kolonisation sind längst vorbei, als der Boss sagen konnte ›so und nicht anders ist es gewesen‹. Ihr seid Tanganjikaner. Ihr lebt als freie Menschen in eurem eigenen Land. Ihr habt eure eigenen Gesetze, eure Ordnung und eure Polizei. Morgen früh, sobald die Sonne auf Momella scheint, bringe ich den Beklagten, die Zeugen der Anklage und den Chairman dieses Komitees nach Arusha zur Polizei. Dort soll untersucht werden, was geschehen ist und ob die Anschuldigung zu Recht besteht, und wer das Geld aus der Gemeinschaftskasse gestohlen haben könnte.«

Den Landrover mit wahrheitssuchenden Arbeitern vollbeladen, fuhr Jim am nächsten Morgen los. Ich ging in den Wald, um Schilder zu bemalen und aufzustellen. Mit weißer Schrift malte ich auf roten Grund: »Momella Game Lodge, 8 Meilen« und einen Pfeil dazu, der die Richtung bei der Abzweigung wies. Nachdem ich wenig mehr als zwei Stunden gemalt und Schilder in den Boden gerammt hatte, hörte ich einen Landrover kommen. Jim war schon zurück. Wie das, nach so kurzer Zeit? Alle, die er mitgenommen hatte, auch der Beklagte, saßen im Wagen. Jim schlenderte langsam zu mir her und sagte: »Komm nach Hause. Die Armee revoltiert. Die Polizei wollte nicht mit mir sprechen. Sie hätten Wichtigeres zu tun. Die Inder in Arusha schließen ihre Geschäfte und verlassen fluchtartig die Stadt. Absolutes Chaos. Man spricht von einem Bataillon, das im Anmarsch auf unser Gebiet ist. In Moshi soll es schon Straßenkämpfe geben. Komm langsam nach Hause. Wir müssen sehen, was wir machen.«

Ich fand das Ganze völlig unsinnig. Tanganjikaner sind nie gewalttätig gewesen. Warum jetzt? Blödsinn. Also malte ich mein Schild zu Ende und fuhr erst dann nach Momella zurück.

Jim war beim Waffenputzen. Ich half ihm dabei. Nicht lange, denn plötzlich mußten wir beide lachen. Vor uns auf dem Küchentisch lagen eine Winchester, zwei Schrotgewehre und zwei alte Revolver. Viel Munition war nicht vorhanden. Mit einer solchen Bewaffnung konnten wir beide allenfalls marodierende Banden von uns fernhalten, nicht aber ein gut ausgerüstetes Bataillon. Also was tun? Bäume über die Wege fallen lassen? Zugänge nach Momella unkenntlich machen? Meine soeben bemalten Schilder, die die Richtung wiesen, wieder einsammeln oder so umdrehen, daß sie von uns wegzeigten? Nach kurzer Beratung kamen wir auf eine grandiose Idee. Wir gingen ans Radio.

Als wir einschalteten, unterhielten sich auf der einzigen freien Frequenz zwei englische Farmersfrauen. Die eine sprach von einer Sisalplantage in der Steppe aus, die andere von Moshi. Es ging um einen Lastwagen, der beladen und abgeschickt werden sollte. Wir hörten gebannt zu. Der Dialog verlief ungefähr folgendermaßen: »Und dann, Mary, vergiß bitte, bitte nicht, die drei Sack Salz aufladen zu lassen. Und was noch wichtiger ist, die fünfzig Rollen Toilettenpapier. Weißt du, aber die feine Sorte. Hast du das verstanden? Over.«

Die Stimme der anderen: »Ja, Betty, ich hab' verstanden. Außer den Ersatzteilen brauchst du noch drei Sack Salz und fünfzig Rollen Toilettenpapier von der feinen Sorte. Over.«

Und wieder Mary: »Wunderbar, daß du mich heute so gut verstehst, Darling. Wenn du was Schickes siehst in Moshi, dann laß mir das doch auch einpacken. Es soll wieder französischen Rotwein geben bei General Food Stores. Du weißt, John hat den so gern. Vielleicht kann ich ihn damit überraschen. Over.«

Es folgte ein längeres Gespräch über die Kinder und das immer schlechter werdende Gehör von John, über den nur tropfenweise fallenden Regen und über den nächsten Ball im West Kilimanjaro Country Club, zu dem ein paar verrückte, aber ich sage dir himmlisch verrückte Kaffeepflanzer aus Kenia kommen werden. Die beiden englischen Damen mit schrillen Stimmen taten so, als wären sie nicht am Radio, sondern am Telefon. Sie hielten den ganzen Betrieb auf. Von anrückenden bewaffneten Streitkräften schienen sie indes nicht die geringste Kenntnis zu haben.

Endlich waren sie fertig, und wir konnten eine Verbindung mit einem Freund im Stadtzentrum von Moshi herstellen. Als er sich meldete, wunderten wir uns, daß wir aus dem Hintergrund keine Schüsse hören konnten. Die Befragung unsererseits war äußerst vorsichtig. Schließlich will man ja nicht auf Gerüchte hereinfallen! Ungefähr so:

»Was gibt's denn Neues, mein Junge? Over.«

Er: »Bei mir nicht viel. Arbeit wie üblich. Vielleicht komm ich mit Ella zum Wochenende rauf zu euch. Over.«

Wir: »Und sonst? In Moshi? Wiederhole: in Moshi. Nichts Neues? Keine neuen Gesichter? Gar nichts? Over.«

Er: »Ach so. Verstehe. Alles Quatsch. Die Uniformierten sitzen immer noch in Daressalam. Alles übertrieben. Sonst wär ich schon längst bei euch oben auf dem Berg. Over.«

Wir schalteten das Radio aus und verstauten die Waffen wieder hinter den Hemden im Schrank. Zwei Tage geschah nichts. Wir arbeiteten. Am dritten Abend sprach Nyerere über den Sender Daressalam. In seiner Ansprache an die Nation ließ er uns wissen, daß die Ruhe wiederhergestellt sei. Da ihm keine andere bewaffnete Macht zur Verfügung stünde, hätte er sich schweren Herzens entschließen müssen, London um Unterstützung zu bitten. Englische Truppen hätten die Meuterer entwaffnet. Die Rädelsführer würden zur Verantwortung gezogen, gleichzeitig würde aber dem Wunsch nach Afrikanisierung der Armeeleitung stattgegeben werden. Anschließend wurde wieder Musik gespielt.

Aus Europa und Amerika kamen Telegramme von Freunden, die wissen wollten, ob Francesca und ich alles gut überstanden hätten. Mit dem Quadrat der Entfernung wächst die Aufregung. Wenn Jim nicht nach Arusha gefahren wäre, hätten wir vermutlich alles Vorgefallene erst aus den Tageszeitungen erfahren, die ohnehin immer nur auf Momella auftauchen, wenn sie schon drei Tage alt sind.

Übrigens konnte nie mit Bestimmtheit festgestellt werden, wer die Gemeinschaftskasse geplündert hat. Das Komitee der Sprecher beschuldigte unbeirrt den gleichen

Mann, der aus dem Süden zu uns gekommen war. Als Hamissi, der Chairman, ihn vor die Wahl stellte, entweder der Polizei vorgeführt zu werden, oder aus freien Stücken zu kündigen, entschied er sich für die zweite Möglichkeit. Das freiwillige Verlassen des Arbeitsplatzes wurde ihm als Schuldbekenntnis ausgelegt. Ich bin bis heute nicht sicher. Noch immer habe ich den leisen Verdacht, daß unsere Angestellten den Fremdling loswerden wollten. Nach seinem Ausscheiden nämlich waren die Wameru auf Momella wieder unter sich. Es muß allerdings festgestellt werden, daß seitdem auf Momella nie wieder gestohlen worden ist.

Geburtswehen einer Föderation

Wenn ich mit der vorigen Geschichte meine persönlichen Erlebnisse während der Revolte der Soldaten in Daressalam erzählt habe, so verbinde ich damit keineswegs die Absicht, den Vorfall zu bagatellisieren. Ich will damit lediglich noch einmal zum Ausdruck bringen, daß der Alltag Ostafrikas — auch der politische — besonderer Art ist. Das Land ist unendlich groß und sehr dünn besiedelt. Die Kommunikationsmittel sind minimal. Der Farmer mitten im Busch befindet sich ein bis zwei lange Tagesreisen von der Hauptstadt entfernt. Das meiste, was er von dort erfährt, vermittelt ihm das Gerücht. Falsche und übertriebene Darstellungen von Vorgängen verbreiten sich im ganzen Land mit der Geschwindigkeit eines Buschfeuers.

Bei der Verbreitung von Gerüchten spielen indische Kaufleute im Lande eine führende Rolle. Dies ist leicht zu verstehen, wenn man bedenkt daß sie, von den Europäern abgesehen, die Minderheit in Ostafrika darstellen.

178

Franz Ansprenger hat in seiner Veröffentlichung ›*Afrika. Eine politische Länderkunde*‹ (Colloquium Verlag, Berlin. Ergänzte Neuauflage 1969, S. 37) sehr zutreffend festgestellt:

»Die natürliche Gastfreundschaft der Afrikaner und die politische Vernunft der großen Mehrheit sorgen dafür, daß im Lande lebende Europäer auch bei antiimperialistischen Demonstrationen so gut wie nie persönlich zu Schaden kommen. Schlimmer steht es in Ostafrika um die indische Minderheit, die z. T. seit vielen Generationen dort zu Hause ist, sich aber bisher gesellschaftlich abkapselt und von der große Gruppen im Augenblick der Unabhängigkeit es ablehnten, die Nationalität der neuen Staaten zu erwerben. Die Inder Ostafrikas beherrschen den Kleinhandel so gut wie völlig. Viele — bei weitem nicht alle! — Familien sind in Afrika reich geworden. Sie halten im Geschäftsleben so fest zusammen, daß afrikanische Konkurrenten kaum eine Chance haben. Sie wollen ihren Kindern eine gute Schulbildung geben und würden, wenn die Regierungen nicht Afrikaner bei der Vergabe der Plätze in höheren Schulen bevorzugten, die Mehrzahl der noch knappen Plätze besetzen. Diese Zustände erzeugen auf beiden Seiten böses Blut. Über einer Bevölkerung von 350 000 Menschen hängt die ernsthafte Gefahr, daß sich Neid und Haß in spontanen Pogromen entladen oder daß die Regierungen den Indern — besonders Inhabern fremder Pässe — die wirtschaftliche Existenz abschnüren. Furcht vor einer solchen Politik der Kenia-Regierung führte Anfang 1968 zu einer Massenflucht wohlhabender Inder mit britischen Pässen nach England. Eilig beschloß das britische Parlament ein Gesetz, das die Einwanderung dieser britischen Staatsbürger indischer Herkunft aus Kenia auf 1500 jährlich begrenzte. — Falls das Leben in Ostafrika für die Inder eines Tages wirklich unmöglich gemacht wird: wohin sollen sie gehen?«

Trotz aller Klarheit bedarf die Ausführung Ansprengers einer Ergänzung. Die meisten wohlhabenden indischen Kaufleute Ostafrikas versuchen auf legale und illegale Weise, ihren Profit nach Indien zu schaffen, wo er von Familienmitgliedern investiert wird. Nur wenige lassen ihren Gewinn im Land, um ihn zu eigenem Nutzen arbeiten zu lassen, gleichzeitig aber — und das ist äußerst wichtig — an dem Aufbau und der Erschließung Ostafrikas aktiv teilzunehmen und somit den Lebensstandard der afrikanischen Bevölkerung zu heben. Mit anderen Worten: wer nur nimmt und das Geben ablehnt, kann nicht sehr viel Wohlwollen erwarten. Wo das Wohlwollen der Mitmenschen fehlt, beginnt die Angst. Und Angst erfindet Gerüchte.

Die Meuterei der Soldaten in Daressalam ist kein Gerücht, sondern Tatsache. Sie darf aber nicht einer Revolution gleichgesetzt werden. Die Armee Tanganjikas wollte im Januar 1964 weder einen Bruderkrieg entfesseln noch die bestehende Regierung stürzen. Ausgelöst von der unbefriedigenden Tatsache, daß drei Jahre nach der Unabhängigkeit die führenden Offiziersstellen immer noch von Engländern, den ehemaligen Kolonialherren, besetzt waren, ging es um zwei Dinge: Ablösung der englischen Offiziere und höheren Sold. Daß die Meuterei wenige Tage nach dem Aufstand auf der nahe gelegenen Insel Sansibar begann, läßt die Vermutung gelenkter Agitation zu. Der Beweis dafür ist nie erbracht worden.

Ohne Frage haben die Unruhen auf Sansibar und die Soldatenrebellion in Daressalam bei der Regierung Tanganjikas, die bis dahin behutsam aufbaute, zu einem neuen Konzept für die Zukunft geführt. Vermutlich wollte Nyerere ausgleichend wirken, als er im Frühjahr 1964 auf einen Zusammenschluß der Republiken Sansibar und Tanganjika drängte und diesen im April durchsetzte. Ich kann Ansprenger nicht widersprechen, wenn er schreibt:

»Solange das Regime auf Sansibar es ablehnt, sich ähnliche demokratische Legitimation zu verschaffen, wie die TANU [Tanganjika African National Union] es 1965 tat, ist die Union nicht wirklich vollzogen. Auch wirtschaftlich steuert Sansibar unter dem Einfluß chinesischer und ostdeutscher Berater noch einer eigenen Kurs, der die Insel in Versorgungskrisen stürzt. Solche Schwächen müssen das einmalige Experiment bedrohen, in Tansania Einpartei-Demokratie zu schaffen. Ob eine sozialistisch verfaßte Wirtschaft das rasche Wachstum fortsetzen kann, das Tanganjika seit 1960 erlebt hat, muß ebenfalls noch bewiesen werden. Jedoch bleibt kaum ein anderer Weg, wenn Nyerere seinen Gleichheitsidealen treu bleiben will, die ihm die Zustimmung seines Volkes sichern.« (Ansprenger: ›Afrika . . .‹, S. 116.)

Was immer die Schwierigkeiten der Zukunft sein mögen — ein mutiger Anfang ist gemacht, und es läßt sich bereits jetzt, nach wenigen Jahren sagen, daß die Spannungen zwischen Sansibar und Tanganjika ständig abgebaut werden. Der Einfluß der Sansibar-Gruppe innerhalb der Regierung Tansanias war im ganzen Lande anfänglich sehr stark spürbar. Fünf Jahre später ist er nur noch vereinzelt anzutreffen. Die Besonnenheit scheint die Richtung anzugeben.

Viele Europäer stehen bestimmten Vorgängen in Tansania mit Ablehnung und Unverständnis gegenüber. Ein Blick in ihre Geschichtsbücher sollte ihnen klarmachen, wieviel Mühen, Verzweiflung, Blut und Tränen es jahrhundertelang gekostet hat, aus europäischen Völkergruppen souveräne Nationen zu machen.

Und heute? Bei Ende der sechziger Jahre ist das Problem der zwei Deutschlands immer noch nicht gelöst. DDR, Ungarn, Tschechoslowakei, Spanien, Portugal, Griechenland: die Bemühungen ganzer Völker um Unabhängigkeit und Selbstbestimmung sind mit Waffengewalt niedergeknüppelt worden. Die Verfolgung rassischer Minderheiten und Andersdenkender gehört noch lange nicht der Vergangenheit an. Der Massenmord an Juden, Zigeunern und politischen Gegnern liegt erst fünfundzwanzig Jahre zurück. Heute, da ich diese Zeilen niederschreibe, liefern sich in Irland Katholiken und Protestanten blutige Schlachten. Ich könnte noch mehr Beispiele anführen, die alle nachweisen, daß Europa am Ende der sechziger Jahre des 20. Jahrhunderts immer noch nicht zur Ruhe gekommen ist. Wie können wir erwarten, daß ein junger afrikanischer Staat seine Probleme über Nacht löst?

Die afrikanische Bevölkerung Tansanias besteht aus mehr als hundert kleinen und großen Völkerschaften, die alle ihre eigene Sprache sprechen. Kenntnis der beiden Landessprachen Suaheli und Englisch kann nicht überall vorausgesetzt werden.

Die Einwohner Tansanias gliedern sich in folgende große Gruppen auf:

Afrikaner	ca. 11 Millionen
Inder	ca. 85 Tausend
Araber	ca. 30 Tausend
Europäer	ca. 15 Tausend

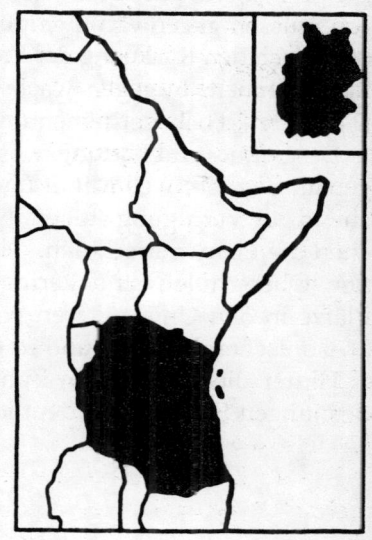

Tansania
im Vergleich
zur
Bundesrepublik

48 % der Bevölkerung gehören den großen Religionsgruppen an und zwar

Moslems	30 %
Katholiken	12 %
Protestanten	6 %

Die Wirtschaft Tansanias leidet noch heute unter der althergebrachten Eigenversorgung in der Landwirtschaft. Die großen und gut organisierten Sisal- und Kaffeeplantagen müssen gegenwärtig empfindliche finanzielle Einbußen durch den Rückgang der Preise auf dem Weltmarkt in Kauf nehmen. Dagegen wächst die Jahreseinnahme aus Diamanten, Halbedelsteinen und Tourismus.

Das Schul- und Bildungswesen kann nur langsam aufgebaut werden, weil Mittel und Lehrkräfte nicht ausreichend zur Verfügung stehen. Nur 30 % der Kinder besuchen die Elementarschulen. Die vorhandenen Plätze auf den Oberschulen sind gering. 2700 Studenten stehen Plätze in den Universitäten von Tansania, anderen ostafrikanischen Ländern und in Übersee zur Verfügung.

Hinter diesen wenigen Zahlen werden die Probleme des jungen Staates sehr deutlich sichtbar.

Sudan

Äthiopien

Uganda

Rudolfsee

Albertsee

Somalia

Rüwenzori

Kenia

Edwardsee

Victoria
see

Kiwusee

Ruanda

Bukavu

Nairobi

Kilimanjaro

Kongo

Burundi

Arusha

Mombasa

Tanganjikasee

Pemba

Tansania

Sansibar

Daressalam

Njassasee

Moçambique

Sambia

Malawi

Rhodesien

Indischer
Ozean

10. Blatt

Es enthält einen Bericht über den Ausbau der Momella Game Lodge nach 1964 und nennt die Gründe, die zur Planung einer neuen Farm führten, nebst den damit verbundenen Schwierigkeiten.

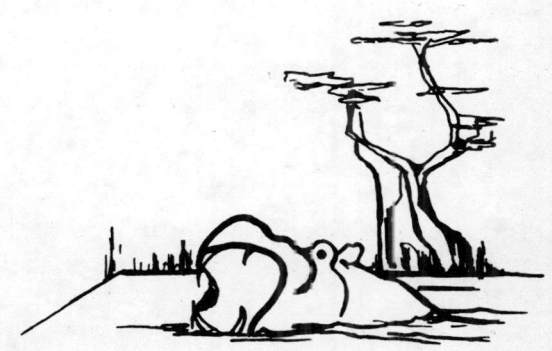

Wie hilft man einem Flußpferd aus der Badewanne?

Zur gleichen Zeit, in der sich zwei unabhängige Staaten zur Vereinten Republik zusammenschlossen und ihr den Namen Tansania gaben, wuchs die Zahl der Gäste auf Momella ständig. Jim hatte einen Vertrag mit den deutschen Reiseveranstaltern Dr. Tigges-Fahrten und Hummel-Reisen abgeschlossen, die ihre Gäste einmal wöchentlich mit einer Britannia der Schweizer Charter-Gesellschaft Globeair nach Nairobi flogen.

Unsere neuen und verwöhnten Gäste aus Europa sahen sich immer wieder suchend um und fragten: »Kann man denn hier nirgends baden?« Die Strömung des Ngare Nanyuki ist zu reißend und das Wasser zu kalt. Wegen der großen und kleinen Tiere, die in den Momellaseen — und um diese herum — leben, ist das Baden auch dort nicht zu empfehlen. Es mußte also ein Swimmingpool her. Wir begannen, ein großes Loch auszuheben, und stießen auf Felsen. Die meisten waren bröckelig und leicht zu entfernen. Einer aber erwies sich als riesig groß und hart wie Granit. Was tun? Dynamit hatten wir nicht. Shibani, der Vormann aller Bauarbeiter, lachte nur über unsere nachdenklichen Gesichter. Er ließ Brennholz aus dem Wald heranschaffen und zündete über dem Felsbrocken ein großes Feuer an. Die Flammen durften einen Tag und eine Nacht nicht verlöschen. Am nächsten Morgen war der Felsen in der Mitte gespalten. Schwarze Magie? Keineswegs. Shibani weiß, daß durch einen Felsen Wasseradern laufen. Wenn man sie erhitzt, sprengen sie das Gestein.

Wir studierten ein schlaues Buch mit dem Titel ›*Wie baue ich meinen eigenen Swimmingpool*‹ und gingen fachgerecht ans Werk. In Nairobi fand ich echte Gummifarbe, hellgrün und haltbar. Zwei Monate später ließen wir das Wasser einlaufen und bewunderten unser Werk. Wir sollten nicht die einzigen bleiben, die unsere Leistung zu würdigen wußten. Noch am selben Nachmittag stapften 15 Elefanten durch den Gemüsegarten, zwängten sich zwischen den Chalets hindurch und stellten sich rings um unser schönes Becken. Sie hatten ein neues, diesmal hochmodernes Wasserloch entdeckt. Gierig tauchten sie ihre langen Rüssel in unser frisches Badewasser. Einige von ihnen waren so glücklich, daß sie sich das frische Naß unter lautem Prusten über den Rücken spritzten.

Jim und ich standen dabei und hielten uns verzweifelt die Ohren zu. Das Reißen und Bersten des zerspringenden Betons übertönte sogar das laute Prusten der Elefanten. Bei unserer statischen Berechnung hatten wir natürlich 50 oder 60 Tonnen Lebendgewicht von Badegästen nicht einkalkuliert. Mit Steinen, Leuchtpistolen und viel Geschrei gelang es uns endlich, die Unerwünschten vom Hof zu jagen. Zurück blieb unsere geborstene neue Pracht.

So gossen wir denn die Risse aus, isolierten alles neu und strichen abermals hellgrüne Farbe darüber. Aber unser zweiter Anlauf war nicht viel erfolgreicher als der erste. Das frische Wasser befand sich noch keine drei Tage im reparierten Becken, da gab es eines Nachts ein fürchterliches Geschrei. Das Wasser im Swimmingpool tobte wie das Meer bei einem Orkan. Ein junges Flußpferd war hineingefallen! Alle Gäste kamen verwundert und verschlafen aus ihren Bungalows. Beim Scheine aller Lampen, derer wir habhaft werden konnten, sahen wir das junge Hypopotam, das verzweifelt hin und her schwamm und laute Schreie ausstieß. Mit seinen kurzen Beinen gelang es ihm nicht, sich an der steilen Betonmauer hochzuziehen. Was macht man in einem solchen Fall? Wie hilft man einem Flußpferd aus der Badewanne? Alle unsere Versuche schlugen fehl. Da in Afrika manchmal die Lösung eines Problems über Nacht sich einstellt, gingen wir alle schlafen. Am nächsten Morgen war das Tier verschwunden. Vermutlich ist es von einer seiner eigenen Wellen an Land gespült worden. Als Andenken hatte es in unserem Becken eine Jauche von Hippokot und Hippourin hinterlassen, die auf Monate hinaus, trotz angestrengter Reinigungsarbeiten, die Benutzung des Swimmingpools unmöglich machte.

Ein Traum wird zur Notwendigkeit

In den Jahren 1964 bis 1966 wurde auf Momella weitergebaut. Mehr Unterkünfte mußten geschaffen werden. Diese wiederum machten einen neuen Speisesaal notwendig. Mehr Gäste erfordern verstärkte Kader von Personal, die dann auch wieder Unterkünfte haben müssen. Es nahm kein Ende.

Ein weiteres Problem war das Wasser. Anfangs war es leicht gewesen. Wir hatten einfach einen mehrere Meilen langen Graben gestochen und das Wasser vom Ngare Nanyuki nach Momella geführt, wo es zwar gefiltert wurde, aber nicht trinkbar war. Die lange Reise durch Wald und Sumpf ließ das Wasser braun gefärbt auf Momella ankommen. Als Badewasser war es ideal, und die

Frauen schwärmten von seiner Weichheit, die der Haut so guttut. Das Trinkwasser jedoch mußten wir von einer weit entfernten Zisterne tonnenweise heranfahren. Für zwölf Gäste mochte das noch angehen, aber für sechzig mußte eine neue Lösung gefunden werden. Ganz oben am Mount Meru wird das Quellwasser in einem Reservoir aufgefangen und versorgt von dort aus, durch eine Pipeline laufend, alle Farmen vom Dorf Nanyuki bis Sanya Juu. Diese Pipeline haben wir angezapft und uns eine zwei Kilometer lange Wasserleitung bis Momella gelegt. Nun kommt Trinkwasser aus allen Hähnen.

Das frische Wasser tat auch Wunder in der Gemüsefarm. Jahrelang hatten wir unser Gemüse mit dem sodahaltigen Wasser vom Fluß bewässern müssen und dadurch eigentlich keine rechten Erfolge erzielt. Nun auf einmal konnten wir Tomaten, Kohlköpfe, Kartoffeln und Gurken gar nicht so schnell ernten, wie sie wuchsen.

Manchmal halfen uns die Haustiere Momellas, die Elefanten, bei der Ernte. Einmal konnten wir beobachten, wie eine junge Kuh zur Mittagszeit eine halbe Stunde lang im Gebüsch neben der Gemüsefarm stand und vorsichtig nach links und rechts spähte. Als niemand kam, lief sie schnell über den Fahrweg, suchte sich unter den Kohlköpfen den schönsten und größten aus, hob ihn mit dem Rüssel aus dem Boden, und lief, den Kohlkopf zwischen den Lippen haltend, schnell wieder in den Busch zurück. Wie ein Kind, das Äpfel geklaut hat.

Meistens kommen die Herden nachts in die Gemüseshamba. Deshalb haben wir dort extra einen Nachtwächter postiert, der, neben sein kleines Feuer hin gekauert, das Nahen der Diebe melden soll. Für Rashidi, den Gemüsenachtwächter, war dies der beste Job seines Lebens. Tagsüber konnte er in seiner eigenen Shamba arbeiten und sich nachts bei uns ausschlafen, wofür er auch noch bezahlt wurde. Eines Nachts schlief er so fest, daß er nicht einmal hörte, wie zwei Bullen laut miteinander Streit anfingen! Und dies keine zwei Meter von ihm entfernt, wo die Herde ein ganzes Beet mit Tomaten niedergewalzt hatte. Ich wurde durch den Lärm wach und fand Jim und einige der Boys schon im Gemüsegarten. Leuchtkugeln. Schüsse, über die Köpfe gefeuert. Steinwürfe. Geschrei. Das übliche Bild. Aber kein Rashidi. Als wir die Elefanten endlich vertrieben hatten, fanden wir ihn. Er lag neben seinem kleinen Feuer. Zuerst glaubten wir, er sei tot. Dann konnten wir aufatmend feststellen, daß er nur schlief. Er hatte nichts bemerkt. Dabei müssen die Dickhäuter über ihn hinweggestiegen sein!

Trotz dieser Tage- und Nachtdiebe reichte unser Gemüse aus, die Lodge zu versorgen. Auf der anderen Seite aber standen wir unversehens vor einem neuen Problem, das uns ernste Sorge bereitete.

Eine Lawine war ins Rollen gekommen. Wir hatten nur eine kleine Herberge für Menschen bauen wollen, die den Busch lieben. Nun war ein Hotel entstanden. Momella wuchs und wuchs, und Menschen kamen, die zu essen haben wollten. Die Nordprovinz von Tanganjika aber war auf die Verpflegung von Tausenden von Touristen einfach nicht eingestellt. Es gab zwar genügend Rinderfarmen, aber keine Schlachter, die, dem verwöhnten Geschmack von Europäern entsprechend, das Fleisch zerlegen konnten. Kühlhäuser zum Abhängen existierten nicht. Sechzig Gäste pro Tag verbrauchen ungefähr 180 Eier. Die waren aber in der Menge nicht aufzutreiben. Unser Lieferwagen fuhr täglich herum, um bei dieser Farm zwölf Eier abzuholen und bei der nächsten acht oder zehn. Manchmal kam er auch unverrichteterdinge wieder zurück.

Brat- und Masthähnchen kamen tiefgefroren und vakuumverpackt aus Dänemark. Gutes Rindfleisch wurde teuer aus Kenia eingeführt. Auch Schweinefleisch kam aus Kenia. Kalbfleisch war so gut wie gar nicht zu haben. Hammel und Lamm wurde tiefgefroren aus Australien eingeführt. Wenn die Versorgung einmal stockte, wenn Kenia nicht lieferte oder Tansania nicht einführte oder die Lastwagen während der Regenzeit auf den schlammigen Straßen nicht durchkamen, konnten die Bewohner der Nordprovinz von Tanganjika ihre Ernährung zwar auf eigene Weise sichern, die Herbergen für Touristen aber gerieten in Schwierigkeiten. Die sechs Hotels im Norden des Landes, die Seronera Lodge, die Ngorongoro Crater Lodge, das Lake Manyara Hotel, das New Arusha Hotel, das Safari-Haus und die Momella Game Lodge bekamen derartige Engpässe empfindlich zu spüren.

Da niemand etwas tat, mußte Momella zur Selbsthilfe schreiten. Die Lösung des Problems war in dem alten dummen Satz zu finden: »Wer A sagt, muß auch B sagen.« Nun, ich hatte ja von Anfang an eigentlich nur B sagen wollen, war aber von Nyerere auf die nützliche Möglichkeit A hingewiesen worden. Logische Folgerung:

A) Das Hotel besteht und läuft und muß versorgt werden.

B) Die Farm wollten wir immer haben, es gibt sie noch nicht, und wir brauchen sie. Also werden wir sie bauen.

Planung, Finanzierung, Absicherung

Vom Jahre 1907, als die Trappes am Kilimanjaro auftauchten, bis zum Jahre 1966, als Jim Mallory und ich uns an die Planung für eine Farm machten, hat die Welt einen langen Weg schnell zurückgelegt. Selbst Momella, weitab von den Ereignissen im friedlichen Nirgendwo, brauchte mit einemmal eine andere Art von Farm, als sie bis dahin in Tanganjika bestanden hatte. Es ging nicht mehr darum, Milchkühe in einer Boma aus Dornengestrüpp zu halten und Milch und Butter nach Moshi und Arusha zu liefern. Es war nötig geworden, Hühner und Schweine nach modernsten Methoden in festen Häusern zu halten, um eine regelmäßige Produktion garantieren zu können. Weiter mußten ein Schlachthaus und ein Kühlhaus errichtet werden, in denen Rinder und Schweine verarbeitet werden konnten.

Anstatt zu graben und zu bauen, begannen wir zu planen und zu rechnen. Die Kosten für Schlacht- und Kühlhäuser ließen wir zunächst einmal als Unbekannte beiseite. Trotzdem kamen wir auf eine Summe zu investierenden Kapitals, die uns nachdenklich stimmte. Die Entwicklung hatte uns gezwungen, mehr in die Lodge zu investieren, als wir ursprünglich geplant hatten. In Abwandlung des Rilke-Wortes mußte ich feststellen: »Als Spiel begann's und ist ein Werk geworden, kaum weiß man wie . . .«

Ich habe nie an der Stabilität Tanganjikas und später Tansanias gezweifelt. Aber war es klug, so viel an einem Ort anzulegen?

Trotzdem: der Markt für die Farmprodukte war da, und unsere Versorgung mußte sichergestellt werden.

Nun hatte ich in der Zeitung gelesen, daß die Bundesregierung auf dem Umweg über die Hermes Versicherungsgesellschaft die Investitionen deutscher Staatsbürger im Ausland für eine Minimalprämie versichert, um die Deutschen zu ermutigen, im Ausland private Entwicklungshilfe zu treiben. Da ich mich ohnehin eines Auftrages beim Ministerium für wirtschaftliche Zusammenarbeit in Bonn zu entledigen hatte, verabredete ich einen Termin mit dem diesem Ministerium damals vorstehenden Walter Scheel. Am 24. Mai 1966 kam es in Bonn zu einer ziemlich positiv verlaufenden Besprechung, bei der alle Punkte im Zusammenhang mit Entwicklungshilfe für Tansania rasch geklärt werden konnten. Lediglich mein persönliches Anliegen, die für den Aufbau der Farm nötig werdenden Investitionen über die Hermes versichern zu lassen, stieß auf Bedenken. Ein Referent des Ministers wies darauf hin, daß eine »Kann-«, nicht eine »Mußbestimmung« einen derartigen Versicherungsschutz nur für die Bundesbürger vorsieht, die ihren Wohnsitz innerhalb der Bundesgrenzen haben. Herr Scheel aber sah eine Möglichkeit in der »Kannbestimmung« und gab die Angelegenheit an seinen damaligen Kollegen vom Finanzministerium, Herrn Dahlgrün, weiter. Später erreichte mich ein Brief des Finanzministers, der mir mitteilte, daß mein Kapital in Tansania nicht versichert werden könne, weil ich eben nicht in Deutschland wohne.

Niemand hat sich, glaube ich, die Mühe gemacht, zu untersuchen, warum ich meinen Wohnsitz nicht in Deutschland habe. Es wäre leicht zu erklären gewesen. Aber was tut's? Zurück bleibt der ernüchternde Eindruck, daß ein Auslandsdeutscher ein Deutscher zweiter Klasse ist.

Mit dieser emotionellen Feststellung war aber dem Aufbau der Farm nicht gedient. Die Schweiz hatte inzwischen einen Vertrag mit Tansania abgeschlossen, der gegenseitig die Investitionen von Firmen oder Einzelpersonen beider Länder auf Staatsebene garantierte und absicherte. Ich schloß mich einer Gruppe von Schweizer Freunden an, die die Decuma Investment AG gründete. Die Decuma erwarb den Hauptanteil der Aktien der Momella Game Lodge Ltd. und stellte gleichzeitig die Mittel für den Aufbau der Farm bereit.

Jim begann in Kenia die Haltung von Schweinen und Hühnern à la Afrika zu studieren, und ich sah mich überall da um, wohin mich die freundlichen Winde meines Berufes gerade geweht hatten. In Amerika, Frankreich und Deutschland besuchte ich moderne Musterbetriebe und bekam so manchen guten Ratschlag. Außerdem lasen wir alles, was an Fachliteratur aufzutreiben war.

Anfang 1967 glaubten wir genug zu wissen, um mit dem Bau der Stallungen beginnen zu können.

Die Arusha Declaration

Während mich abschließende Filmarbeiten noch in Europa festhielten, sahen Francesca und ich am 7. Februar 1967 im italienischen Fernsehen einen Bericht über Tansania in der Nachrichtensendung »Telegiornale«. Nyerere war zu sehen, der vor einer Versammlung der TANU in Arusha eine Ansprache hielt. Der Originalton war so weit heruntergedreht, daß wir ihn nicht verstehen konnten. Darüber lag die Stimme des italienischen Nachrichtensprechers, der berichtete, der Präsident von Tansania habe vor Mitgliedern seiner Partei und Abgesandten der wichtigsten Stämme in Arusha eine Erklärung abgegeben, die besage, daß das Land sich nicht weiter ausbeuten lassen könne, sondern sein Geschick nunmehr tatsächlich in eigene Hände nehmen müsse. Aus diesem Grunde seien sofort alle Banken, die größten Industrien und Plantagen verstaatlicht worden.

Die wesentlichen europäischen Tageszeitungen brachten in den nächsten Tagen ähnlich lautende Berichte, die aber kein präzises Bild ergaben. Lediglich die *Financial Times* widmete diesem unerwarteten Schritt eine ganze Seite. Um mir Klarheit zu verschaffen, nahm ich das nächste Flugzeug nach Nairobi. Die Hauptstadt Kenias quoll über von den wildesten Gerüchten. Mit einer gecharterten einmotorigen Maschine flog ich sofort weiter nach Momella, wo ich eine Stunde später neben der Lodge landete.

Jim, der oben auf dem Berg von der plötzlichen Maßnahme der Regierung ebenso überrascht worden war wie die übrige Welt, wußte auch nichts Genaues zu berichten. Er meinte nachdenklich: »Im Grunde kann ich den Schritt verstehen. In letzter Zeit war viel Unzufriedenheit im Volk zu spüren. Sechs Jahre nach der Unabhängigkeit hat sich eigentlich nichts geändert. Der Lebensstandard der Bevölkerung konnte nur unwesentlich angehoben werden. Die Kolonialherren sind abgezogen, aber die gewinnbringenden Industrien, Banken und Plantagen sind immer noch in überseeischen Händen. Das Volk hat nichts von dem Gewinn, den diese Unternehmen machen. Und ist das Ganze denn so neu? Haben wir in England nicht auch Verstaatlichung erlebt? Meine einzige Sorge ist, daß die Jungs sich vor lauter nationaler Begeisterung übernehmen . . .«

Leslie Steere, unser Bücherrevisor, meinte: »Das Ausmaß der Verstaatlichung ist noch nicht abzusehen. Eine genaue Liste der namentlich genannten Betriebe, die der Staat ganz oder teilweise übernimmt, liegt noch nicht vor. Es handelt sich in erster Linie um Banken, Sisal- und Kaffeeplantagen. Hotels sind nicht betroffen. Außerdem steht fest, daß es sich hier nicht um Enteignungen handelt wie in Ägypten oder Indonesien. Diese Verstaatlichung hier bedeutet, daß die Regierung die Majorität der Aktienpakete wichtiger Betriebe übernimmt und dafür bezahlt. Da sie aber kein Geld hat, um in bar zu zahlen, überläßt sie ihren Gewinnanteil den ehemaligen Besitzern, bis die Summe abgedeckt ist.«

Der englische Manager der Barclays Bank in Arusha sah pessimistisch in die Zukunft. Hinter ihm an der Wand hing das Bild der englischen Königin. Er sagte seufzend: »Barclays ist verstaatlicht worden. Das steht fest. Alle Banken gehen in die Hände des Staates über. Meine Anweisung von der Zentrale in London ist, so ruhig es geht weiterzuarbeiten und abzuwickeln. Alle leitenden Angestellten von Barclays bleiben so lange auf ihren Posten, bis die Zentrale ihnen neue Aufgabenbereiche in anderen Ländern zuweist. Von der Hauptgeschäftsstelle in Daressalam ist so gut wie nichts zu erfahren. Dort wird am laufenden Band konferiert.«

Ich flog in die Hauptstadt. Auf dem Flugplatz wollte es mir scheinen, als sei ich der einzige Europäer, der ankam, während die Abflughalle überfüllt war mit weißen Gesichtern. Das Leben auf den Straßen verlief normal. Dagegen sahen die Bars der drei größten Hotels aus, als hätte eine Militärmacht die Stadt umzingelt und der Belagerungszustand sei verhängt worden. Europäer aller Nationen gestikulierten und diskutierten mit lauter Stimme. Wilde Spekulationen waren zu hören. Optimisten sprachen davon, daß gewisse Verstaatlichungen bereits wieder rückgängig gemacht worden seien. Ein großer Dicker vertrat den Standpunkt, daß dies nur der erste Schritt sei. Sozialismus bedeute Enteignung allen Privateigentums.

In einer Zeitung fand ich den vollen Wortlaut der Arusha Declaration abgedruckt. In Kurzform ist sie auf den Nenner zu bringen:

»Gebt dem Volke, was des Volkes ist, verlangt dafür aber auch vom Volke größere Anstrengungen, damit aus dieser Nation etwas werde!«

Die Arusha Declaration ist der Grundstein für einen Sozialismus, auf tansanische Bedürfnisse zugeschnitten. Die Staatskontrolle über die Wirtschaft geht Hand in

Hand mit dem Appell an das Volk, härter und mehr zu arbeiten, damit Tansania auf eigenen Füßen stehen kann. Um zu vermeiden, daß eine gebildete afrikanische Führungsschicht an die Stelle der ehemaligen Kolonialherren tritt und auf gleiche Weise den kleinen Mann »ausbeutet«, verlangt Nyerere Genügsamkeit: die Gehälter für Minister und leitende Beamte werden auf ein Minimum festgelegt. Keiner von ihnen darf Einkünfte aus zweiter Quelle haben. Ganz offensichtlich soll mit diesen Maßnahmen die Korruption ausgeschaltet werden. Hier ein Auszug aus der Arusha Declaration, der vieles erklärt. (Die deutsche Übersetzung zitiert nach Ansprengers ›Afrika . . .‹, S. 36.)

»Jedermann will Entwicklung; aber nicht jedermann versteht und bejaht die Voraussetzungen für Entwicklung. Die erste Voraussetzung ist harte Arbeit. Laßt uns in die Dörfer gehen und mit unseren Menschen reden und zusehen, ob es nicht möglich für sie ist, härter zu arbeiten . . .

Die Wahrheit sieht so aus:

Die Frauen in den Dörfern arbeiten sehr hart. Manchmal arbeiten sie zwölf oder vierzehn Stunden täglich. Sie arbeiten auch an Sonn- und Feiertagen. Dorffrauen arbeiten härter als irgend jemand in Tansania. Aber die Männer, die in den Dörfern leben (und manche der Frauen in den Städten), sind ihr halbes Leben lang auf Urlaub. Die Energie von Millionen Männern in den Dörfern, von Tausenden von Frauen in den Städten wird heute mit Geschwätz, Tanzen und Trinken vergeudet. Diese Energie ist ein kostbarer Schatz, der mehr zur Entwicklung unseres Landes beitragen würde als alles, was wir von reichen Nationen bekommen können . . .

Von jetzt an wissen wir, was Grundlage und was Frucht der Entwicklung ist. Wenn wir zwischen *Geld* und

Menschen zu entscheiden haben, so ist klar, daß die Menschen und ihre *harte Arbeit* die Grundlage der Entwicklung sind. Geld ist dann eine der Früchte der harten Arbeit. Von jetzt an stehen wir aufrecht und gehen auf unseren eigenen Füßen vorwärts, statt dieses Problem auf den Kopf gestellt zu betrachten. Industrien werden kommen und Geld wird kommen. Aber die Grundlage dafür sind *die Menschen* und ihre *harte Arbeit*, besonders in der *Landwirtschaft*. Das meinen wir mit Selbstgenügsamkeit. Worauf es uns ankommt ist

a) das Land und die Wirtschaft.
b) die Menschen,
c) unsere Politik des Sozialismus und
   der Selbstgenügsamkeit und
d) gute politische Führung . . .«

Ich ließ mich bei meinem alten Freund Paul Sozigwa, dem damaligen Staatssekretär im Ministerium für Information und Tourismus, anmelden und hatte mit ihm eine lange und offene Aussprache. Ich eröffnete das Gespräch mit den Worten: »Paul, sieh mich einmal ganz genau an. Du wirst eine interessante Feststellung machen. Vor dir sitzt der größte Trottel dieser Stunde.«

Er wußte mit dieser Bemerkung nichts anzufangen, und ich fuhr fort: »In diesem Augenblick, wo so viel Staub aufgewirbelt ist und alle überseeischen Investoren sich den Kopf zerbrechen, wie sie ihr Kapital aus dem Lande schaffen können, komme ich mit einem ersten Scheck von 3000 Pfund Sterling von der Decuma Investment AG in der Tasche, um neu zu investieren und unseren Besitz in Tansania zu vergrößern.«

Ich erklärte Paul Sozigwa, der ein langjähriger Vertrauter Nyereres und heute dessen persönlicher Pressereferent ist, in aller Ausführlichkeit unseren Plan vom Bau einer großzügig angelegten Farm auf Momella. Der

Staatssekretär sprang begeistert auf und rief: »Du bist kein Trottel, du denkst voraus! Das ist genau, was wir brauchen! Mach das, um Gottes willen! Aber wenn's geht, mach es größer! Ihr müßt so viel produzieren, wie ihr könnt und alle Hotels in Tansania versorgen. Ihr müßt so viel produzieren, daß wir die Importe einschränken können!«

»Das können wir versuchen«, antwortete ich, »aber nicht sofort, sondern Schritt für Schritt. Wir müssen erst einmal laufen können, bevor wir anfangen zu rennen. Aber — wie verträgt sich unser Plan von der Farm mit den Ausführungen des Präsidenten? Der Arusha Declaration habe ich nicht genau entnehmen können, ob ein solcher Plan, der auf Privatinitiative und Privatkapital aufgebaut ist, als erwünscht angesehen wird.«

»Aus der Arusha Declaration geht eindeutig hervor, daß jede Anstrengung gemacht werden muß, die der Entwicklung Tansanias nützt«, stellte Paul Sozigwa fest. »Eine Präzisierung dieser kurzen Erklärung wird bald folgen. Sicher würdest du gern mehr darüber aus dem Munde des Präsidenten erfahren. Aber das geht jetzt leider nicht. Ich kann dich nicht zu ihm bringen. Du kannst dir vorstellen, daß er gerade jetzt mehr als alle Hände voll zu tun hat. Aber ich mach' dir einen Vorschlag. In einer halben Stunde bin ich sowieso bei ihm im State House zum Rapport. Ich werde deinen Plan vortragen. Wenn du um 15.00 Uhr wieder hier sein kannst, sag' ich dir mehr.«

Ich ging durch die brütende Hitze des Mittags hinüber zur Hauptbank von Barclays und wurde in das klimatisierte holzgetäfelte Arbeitszimmer des General Manager geführt. Er machte einen überraschend ruhigen und überlegenen Eindruck und gab mir bereitwilligst Auskunft. Neues hatte er mir allerdings nicht mitzuteilen.

Seiner persönlichen Ansicht nach — und dies sei, wie er ausdrücklich betonte, nicht notwendigerweise die Ansicht seines Hauses — sei es verständlich, daß ein Staat gewisse Banken verstaatlicht. Jedoch nicht alle. Der freie Wettbewerb müsse erhalten bleiben, indem man neben den staatlichen Banken auch noch andere internationale Institute arbeiten ließe. Und *wenn* man schon der Meinung sei, *alle* Banken übernehmen zu müssen, dann sei es ratsam, diesen Weg Schritt für Schritt zu gehen. Die plötzliche Veränderung über Nacht allerdings könne nur Unheil anrichten. Die Folgen davon würden noch auf Jahre hinaus spürbar sein.

Ich legte meinen Decuma-Scheck auf den Mahagonischreibtisch und sagte, daß ich heute nachmittag noch wissen lassen würde, ob er dem MomeLa-Konto gutgeschrieben werden solle oder nicht. Der General Manager sah mich entgeistert an.

»Aller Voraussicht nach brauche ich das Geld im Lande«, sagte ich, »und zwar in Ostafrikanischen Shillingen.«

»Das wird kaum gehen«, gab der Manager zu bedenken, »jedenfalls nicht im Augenblick. Bei der jetzigen Konfusion können keinerlei Geldgeschäfte abgewickelt werden.«

»Versuchen Sie es trotzdem«, schlug ich vor, »und sagen Sie mir heute nachmittag Bescheid.«

Um 15.00 Uhr war ich wieder bei Paul Sozigwa. »Der Präsident ist begeistert von deinem Plan«, sagte er, als ich sein Büro betrat. »Ich soll dir sagen, du möchtest bitte so schnell wie möglich anfangen.«

»Aber . . .« wollte ich einwenden. Paul unterbrach mich: »Ich weiß, ich weiß. Du willst Garantien für deine Gesellschaft. Der Präsident hat Anweisung gegeben, dir diese Garantie in schriftlicher Form in den nächsten Tagen zukommen zu lassen.«

Ich flog nach Momella zurück. Wenige Tage später traf der versprochene Brief mit der Garantie für unser Eigentum ein, und der Scheck wurde unserem Konto gutgeschrieben. Jim und ich wanderten durch unser Land und suchten einen geeigneten Platz für die neue Farm aus. Wir entschieden uns für das flache Stück neben unserem Landestreifen, genau da, wo die grünen Hügel sich mit dem Rand der Steppe treffen.

11. Blatt

Es enthält Angaben über den Bau der Momel'a-Farm während der Jahre 1967 bis 1969 in Form einzelner kleiner Geschichten.

Aufbau einer Farm

Es begann so, wie es sechs Jahre vorher gewesen war: zunächst wurde Busch gerodet und verbrannt. Ein Fahrweg mußte angelegt werden. Brocken aus Lavagestein wurden abtransportiert und Felsen durch Feuer gesprengt. Die Hauptwasserleitung erhielt neue Anschlüsse. Der Baugrund wurde geebnet. Zwei Trupps von Steinemachern begannen ihre Arbeit. Es ist zu kostspielig, Ziegelsteine irgendwo zu kaufen und sie von weit her nach Momella zu transportieren. Deshalb griffen wir zu der alten ostafrikanischen Methode, die so aussieht: Man fährt feinen Sand und groben Kies vom Fluß zur Baustelle, vermischt beides mit Zement und Wasser, füllt das Ganze in eine in Heimarbeit ausgedachte und konstruierte Beton-Klotz-Preßmaschine, schließt den schweren Deckel, um die Masse zusammenzudrücken, holt den frischen Betonklotz (Größe 15 cm X 10 cm X 8 cm) heraus und läßt ihn in der Sonne trocknen. Wenn man das einige tausend Mal gemacht hat, stehen genügend Bausteine zur Verfügung.

Dabei vergeht viel Zeit, von der wir aber, wie gesagt, in Afrika viel haben.

Am 5. Mai 1967 brachte ich meine Francesca und unsere auf den Tag genau 2 Monate alte Tochter Malaika nach Momella. Schon am nächsten Tag saßen Jim, Ulla, Francesca und ich am großen Küchentisch über viel Papier ge-

beugt. Es ist kaum anzunehmen, daß es je eine unortho-
doxere Art der detaillierten Bauplanung gegeben hat als
die unsrige. Wir schnitten ganz einfach maßstabgerechte
kleine Modelle von Farmgebäuden aus dem Papier und
legten sie auf eine Stoffmatte, die eigentlich als Tellerun-
tersatz gedacht war. Nun schoben wir all die Miniaturge-
bäude beliebig hin und her: die Hühnerhäuser müssen
da drüben stehen, die Garage hier, der Schweinestall
sollte da sein und das Schlachthaus muß sowieso direkt
an der Wasserleitung aufgebaut werden.

Dann wurde alles wieder verworfen. Der ständig
gleichbleibenden Windrichtung wegen mußten die Hühnerhäuser in Ost-West-Richtung stehen, dafür kam der
Schweinestall an den Südrand — eins ergab sich aus dem
anderen. Während Fanueli den Kinderwagen mit Malaika draußen in der Sonne auf dem Hof spazierenfuhr, ei-
nigten wir uns auf eine geschlossene Anlage, die so aussehen sollte:

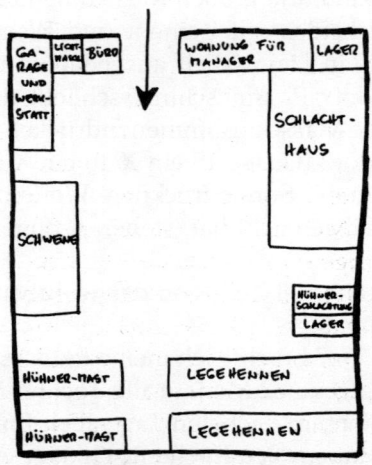

Diese geschlossene Anlage, von einer hohen Mauer umgeben, schützt die Farm vor zwei- und vierbeinigen Dieben. Dies schien uns besonders wichtig im Hinblick auf die Leoparden, die auf Momella zu Hause sind, und die Löwen, die oft aus der Steppe zu Besuch kommen.

Der Familienrat am Küchentisch hielt den Plan für gut, und Jim und ich gingen an die Arbeit.

Wie oft haben wir dabei geflucht und wie oft mußten wir kopfschüttelnd über uns selbst lachen! Dies war Afrika: wir bauten eine Farm nach den modernsten Erkenntnissen des Jahres 1967 mit den Mitteln von Achtzehnhundertleipzig/einündleipzig. In anderen, technisierten Ländern würde ein Bagger kommen und die Fundamente in wenigen Tagen ausheben. Vorfabrizierte Stallungen würden in Einzelteilen ankommen und im Rekordtempo montiert werden. Kräne und Helikopter würden den Menschen die Arbeit erleichtern. Und bei uns auf Momella? Außer Hacken, Spaten und Sieben bestanden unsere Hilfsmittel aus einem alten Traktor mit Anhänger, einem uralten 4-Tonnen-Kipper (der ständig im Fluß steckenblieb und vom Traktor wieder herausgezogen werden mußte) und einer winzig kleinen Betonmischmaschine. Sicherlich hätten wir irgendwo einen Bagger mieten können, aber so reich waren wir nicht. Der Antransport eines solchen Ungetüms wäre teurer gewesen, als die Tagesmiete ausgemacht hätte. Und außerdem brauchten die Menschen im Lande Arbeit. Also stellten wir sechzig Tagelöhner und Maurer ein, die eine solche Tätigkeit entfalteten, daß die Staubwolken sogar von den Farmern oben am Westkilimanjaro beobachtet werden konnten, die neugierig herbeieilten und kopfschüttelnd feststellten, daß sie so etwas im Busch noch nicht gesehen hätten. Touristen, die mit dem Baugewerbe zu tun hatten, gaben Ratschläge und halfen mit.

Beim Abstecken der Außenmauern gab es die ersten langen Gesichter. Hopper, ein Maurer vom Stamme der Tschagga, sah mit offenem Mund zu und fragte: »Was soll das werden, Bwana?«

»Eine Mauer, Hopper.«

Ungläubige Augen musterten mich von unten herauf.

»Eine *Mauer*, Bwana?«

»Eine Mauer, Hopper.«

Mit langen Schritten ging der Tschagga an der ausgespannten Richtschnur entlang. Am Ende angekommen rief er mir zu: »Aber das sind ja 150 große Schritte, Bwana!«

»Na und?« rief ich zurück.

Schweigend machte Hopper sich an die Arbeit.

In der Mittagspause setzte er sich neben mich. Nachdenklich an seinem Maiskolben nagend, fragte er zaghaft: »Machst du auch keinen Spaß mit mir, Bwana?«

»Warum sollte ich das?« fragte ich zurück.

»Eine Mauer? 150 Schritte lang?«

»Ja, Hopper, so eine lange Mauer. Und auf der anderen Seite noch mal so eine lange Mauer und oben und unten zwei Mauern von je 70 Schritten.«

Hopper vergaß das Nagen.

»Willst du ein Dorf bauen, Bwana?«

»Nein, Hopper, eine Farm.«

»Eine Farm? So groß? Keiner bei uns hat so eine große Farm.«

»Wenn alles gutgeht, werden wir bald viele so große Farmen haben in Tansania«, behauptete ich, und der Tschagga wußte nicht so recht, ob er mir glauben sollte.

»Du bist doch Deutscher oder nicht?« fragte er nach einer Weile.

»Ja«, sagte ich und nahm mir auch einen Maiskolben aus dem Feuer.

»Warum baust du dir dann nicht so eine große Farm in Deutschland?« wollte er, logisch folgernd, wissen.

»Weil es mir in deinem Land so gut gefällt, Hopper«, gab ich zur Antwort, »und weil wir hier etwas zu essen haben müssen.«

»Msuri sana«, strahlte er, »das ist gut.« Aber dann bewölkte sich seine Stirn wieder. Er sah zur langen Richtschnur hinüber und gab leise zu »150 Schritte. Ich hab' noch nie so eine lange Mauer gebaut.«

Von der Richtigkeit dieses Eingeständnisses konnte ich mich schon in den nächsten Tagen überzeugen. Hoppers Mauer war krumm und schief, schon nach wenigen Metern. Immer wieder ließ ich ihn sein Werk bis auf das Fundament niederreißen. Eines Tages verlor er die Geduld: »Ist das denn so wichtig? Warum muß die Mauer denn *so* grade sein?«

»Weil die Leute sonst sagen werden, Tschagga Hopper ist kein Maurer, sondern ein Wellblechfabrikant.«

Mein Argument zeigte Wirkung. Hoppers Mauer wurde gerade.

Medizin am falschen Ende

Vom ersten Tag an betrachteten die Afrikaner Momella als eine Art Krankenstation für ambulante Fälle. Für unsere Arbeiter und Angestellten hatten wir einen großen Schrank mit Medikamenten, Spritzen, Verbandszeug und Schienen angelegt. Das sprach sich bald herum. Und weil die nächsten Krankenhäuser lange Tagesmärsche weit entfernt lagen, kamen die Meru zu uns, sooft ihnen etwas fehlte. Wir mußten blutende Kinderköpfe klammern, Verstopfungen beseitigen, Grippen auskurieren und in einigen Fällen sogar Geburtshilfe leisten. Jeden

Mittag standen große Gruppen von Wameru vor unserem »Krankenzimmer«.

Allmählich konnten wir diese Art von Heilpraktik nicht mehr verantworten. Ich hatte dem Ministerium für wirtschaftliche Zusammenarbeit deshalb einen Vorschlag unterbreitet: Momella baut eine ambulante Station und Bonn stellt die medizinische Ausrüstung, einen Arzt und eine Pflegerin. Minister Scheel zeigte sich sehr aufgeschlossen für diesen Plan, der wegen der Selbstlosigkeit dieser Hilfe dem Ansehen der Bundesrepublik sehr genützt hätte. Diplomatische Spannungen zwischen der Bundesrepublik und Tansania, die ihren Grund in der Existenz eines Generalkonsulats der DDR in Daressalam hatten, ließen diesen Plan leider nie zur Durchführung gelangen. So spielten wir denn weiter »Buschdoktor«.

Tschagga Hopper gehörte zu meinen regelmäßigen Patienten. Er klagte ständig über Kopfschmerzen. Eines Tages waren uns Aspirin und auch stärkere Mittel ausgegangen. Ich konnte Hopper nicht enttäuschen. Also mußte ich ihn überlisten. Ich gab ihm zwei Tabletten gegen Keuchhusten, in der Annahme, daß er so stark an die Wirkung meiner Mittel glaubte, daß ihm auch diese helfen würden. Ähnliche Methoden hatten bei meinen anderen »Patienten« zum Erfolg geführt. Mit Hopper aber war nichts zu machen. Mittags kam er zu mir und sagte: »Deine Tabletten nützen heute überhaupt nichts, Bwana!«

Ich fuhr mit ihm zur Lodge zurück und fand ein schmerzlinderndes Zäpfchen. Auf dem Rückweg zur Baustelle hielt ich im Wald an, pellte das Zäpfchen aus der Zellophanhülle, gab es Hopper und sagte: »Geh da hinter den Baum, laß die Hose runter und steck dir dieses Ding in den Arsch.«

Hopper sah mich entgeistert an: »In meinen . . . aber

212

da tut's doch gar nicht weh! Hier tut's mir weh. Am *Kopf*, Bwana, am *Kopf*!«

Der arme Kerl konnte nicht verstehen, warum ich bei diesem ernstlichen Mißverständnis so lange lachen mußte, bis mir die Tränen kamen. Sobald ich wieder Luft holen konnte, sagte ich: »Steck es dir trotzdem da hinten rein. Und kneif fest zu. Es darf nicht wieder rausrutschen. Du wirst sehen, es hilft.«

Hopper hat bestimmt geglaubt, ich sei nun endgültig verrückt geworden. Trotzdem verschwand er hinter einem dicken Dornbaum. Er muß wohl beim Umgang mit dem ungewohnten Präparat auf Schwierigkeiten gestoßen sein, denn er ließ mich längere Zeit warten. Ich sah mich um. Früher einmal war dies ein dichter, verwachsener Wald gewesen. Jetzt hatten die Elefanten ihn so weit gelichtet, daß die roten Felsen des Mount Meru durch das hellgrüne Laub der Schirmakazien schimmerten. Verlegen grinsend tauchte Hopper wieder auf und fuhr mit mir zur Baustelle zurück. Schweigend arbeitete er an seiner geraden Mauer. Als ich später bei ihm vorbeikam, strahlte er mich an: »Du! Es hat wirklich geholfen!«

In den Quartieren der Arbeiter war Hopper an jenem Abend der Mittelpunkt des Interesses. Stolz verkündete er, was ihm widerfahren war, und stellte abschließend fest: »Das sind große Ärzte, diese Deutschen! Sie stecken dir was in den Arsch und dein Kopf tut nicht mehr weh!«

Schwarze Magie

Während wir bauten, lief der Betrieb in der Lodge normal weiter. Einmal gab es Ärger mit David, einem unserer afrikanischen Köche. Er hatte in den boys quarters auf Momella einen Laden eröffnet. Jedesmal wenn unser Lieferwagen nach Arusha fuhr, gab er eine große Bestellung für Brot, Salz, Tabak, Fleisch, Mehl und so weiter auf. In seinen freien Stunden verkaufte er dann seine Waren an die anderen Angestellten, die diese Art der Belieferung so lange bequem und angenehm fanden, bis sie merkten, daß sie übervorteilt wurden. David kaufte beispielsweise einen Artikel für 10 Cent ein und verkaufte ihn für 25 Cent.

Das Komitee der Sprecher trat zusammen. Der Fall wurde vorgetragen. Jim stellte fest, daß dies nicht nur Wucher sei, sondern darüber hinaus gegen die von der Regierung erlassenen Direktiven verstoße. David erhielt eine Verwarnung und mußte seinen Laden schließen.

David nahm übel und sann auf Rache. Jedesmal, wenn er das Essen für die afrikanischen Angestellten ausgab, verteilte er gleichzeitig den »bösen Blick«. Das wird folgendermaßen praktiziert:

David schiebt den Teller mit Fleisch und Reis über die kleine hölzerne Platte, sieht dabei mit glühenden Blicken in die Augen von Hamissi und murmelt leise: »Du wirst bald an dir selber merken, was du mir angetan hast.«

Den gleichen Blick voller Glut schickt er in Cyrillis Augen: »Du wirst mir nicht entgehen.«

Am nächsten Tag haben Hamissi und Cyrilli Magenkrämpfe. Sie sind davon überzeugt, vergiftet worden zu sein.

Wir befragen Dirk, unseren deutschen Koch, der sagt: »Das ist völlig unmöglich. Das Essen habe ich selber gekocht. Wir alle haben es gegessen. David war auch bei der Essensausgabe nicht allein und kann unmöglich irgendein Gift auf die Teller gestreut haben.«

Der Vorgang wiederholt sich. Hamissi und Cyrilli weigern sich, irgend etwas zu essen, solange David in der Küche ist. Das Komitee tritt abermals zusammen. Mit lei-

214

ser Stimme werden rätselhafte Anklagen erhoben: David vergiftet seine Kameraden und verteilt den bösen Blick. Eine Streichholzschachtel wird als Indiz vorgewiesen. Sie enthält graues Pulver. David hat diesen Zauber unter die Bohlen des Fußbodens in dem Zimmer eines anderen Angestellten vergraben. Der Mann war krank geworden. Entscheidung des Komitees: David muß Momella verlassen.

Wenn wir Frieden im Hause haben wollten, mußten wir uns dem Wunsch der Allgemeinheit fügen. Außerdem ist mir ein Fall bekannt, wo eine Frau, die nicht ordnungsgemäß für ihre Liebesdienste bezahlt worden war, zu dem Manne gesagt hatte: »Auf dir lastet mein Fluch. An diesem Fluch wirst du sterben. Du wirst in deine Hütte gehen und nie wieder daraus hervorkommen!« Der Mann war aus lauter Angst so sehr von der Echtheit dieser Magie überzeugt, daß er in seine Hütte ging und vierzehn Tage später starb.

Selbst die aufgeklärten Afrikaner auf Momella sind nicht frei von diesem Glauben an rätselhafte, todbringende Kräfte. Wir konnten es nicht zulassen, daß Hamissi und Cyrilli vor lauter Angst und Einbildungskraft jeden Tag krank und kränker wurden. David wurde entlassen, ausbezahlt und verließ noch am selben Tag die Lodge. Da wir knapp an Unterkünften waren, wiesen wir sofort einem anderen Angestellten das freigewordene Zimmer zu. Entsetzt wehrte der Mann ab. Er würde lieber unter freiem Himmel schlafen. David habe in dem Zimmer einen unauffindbaren Zauber hinterlassen. Jeder, der die Nacht in diesen vier Wänden verbringe, werde am nächsten Morgen tot sein. Ich ließ Fanueli kommen, meinen jahrelangen Hausboy, der auch fast ein ganzes Jahr mit mir und meiner Familie in Europa gelebt hatte und von dem ich annahm, daß er weit aufgeschlossener sei als die anderen. Fanueli warf die Hände in die Luft: »Alles, Bwana, alles. Aber in dem Zimmer schlafe ich nicht!«

Niemand wollte die Nacht dort verbringen. Um dem Ganzen ein Ende zu machen, sagten Jim und ich, daß wir dann eben in Davids Zimmer schlafen würden. Aufgeregt schrien alle Boys durcheinander und flehten Francesca an: »Das darfst du nicht zulassen, Memsab! Der Bwana darf nicht sterben!« Fanueli wandte sich beschwörend an mich: »Willst du deine Kinder ohne Vater zurücklassen?«

Die afrikanischen Götter schalteten sich in die Lösung dieses Problems ein. Am späten Nachmittag kamen zwei Kikuyu aus Kenia, Elektriker von einer Spezialfirma für Thermostaten, die die Installation im Kühlhaus vorzunehmen hatten.

Strahlend kamen Hamissi und Fanueli gelaufen: »Jetzt braucht ihr nicht mehr in Davids Zimmer zu schlafen! Wir brauchen doch Platz für die Kikuyu! . . .«

Jim und ich waren nicht einverstanden. Aber die Frage war hinter unserem Rücken längst entschieden worden. Während wir noch diskutierten, machten es sich die beiden Elektriker in dem fluchbeladenen Zimmer bereits gemütlich.

Für alle Afrikaner auf Momella verlief die Nacht lang und schleppend. Bei Sonnenaufgang standen sie alle so unauffällig wie möglich in der Nähe des »bösen« Hauses. Es ging ein Raunen durch die ganze Menge, als sich die Tür plötzlich öffnete und die beiden Kikuyu augenreibend der Dusche zustrebten.

Ein Brief aus Tansania

Wir arbeiteten viel und hart, und wir glaubten, schnell zu arbeiten, aber wir kamen nur sehr langsam voran. Der Wettlauf mit der Zeit ist in Afrika nicht zu gewinnen.

Ich konnte nicht immer dabeibleiben, weil meine Verträge mich in andere Länder riefen.

Das Frühjahr 1968 bestand für mich aus Eis und Schnee. Nach einem langen und kalten Drehtag auf dem Packeis im russischfinnischen Grenzgebiet gab mir die russische Empfangsdame in meinem kleinen Hotel in Tallin, der Hauptstadt der Sowjetrepublik Estland, einen Brief und sagte: »Aus Tansania! Haben Sie Freunde in Tansania?«

»Ja«, antwortete ich, »viele.«

Sie wollte alles über Ostafrika wissen und bat um die Briefmarke. Endlich auf meinem Zimmer allein, setzte ich mich auf den Rand der Badewanne, hielt meine eiskalten Füße in prickelnd warmes Wasser und begann, Jims Brief zu lesen. Er schrieb:

Mein lieber Hardy,
es wird Dich freuen zu hören, daß es uns allen gut geht. Wir arbeiten z. Z. an der Garage und dem workshop. Die Legehühner aus Deutschland sind angekommen. Wie Du weißt, sind die Legehäuser 1 und 2 schon lange fertig und die Käfige aufgestellt. Vorgestern fuhr Wolfgang nach Nairobi, um die Eintagsküken abzuholen. Der Regen hatte die Straße nach Nanyuki weggewaschen. Ich schickte Headson mit dem Landrover zur Asphaltstraße, um Wolfgang zu sagen, daß er den Umweg über Arusha machen müsse. Die beiden haben sich aber verpaßt. Wolfgang war steckengeblieben und kam erst um 2 Uhr morgens hier an. Alle verfügbaren Leute haben mitge-

holfen, die Pappkartons zu öffnen und die Küken her-
auszunehmen. Jedes einzelne Tierchen muß mit dem
Schnabel in Wasser getaucht werden, weil es ja noch
nicht ans Trinken gewöhnt ist. Ich sage Dir, eine Arbeit!
Auf dem Transport sind Gott sei Dank nur 12 Küken
eingegangen. Jetzt sind alle 1500 unter den Gasbrooders.
Es ist ein Gepiepse, daß Malaika ihre Freude daran hätte. Bis heute früh hatten wir nur weitere 11 tote Küken.
Und nun sind wir wohl aus dem Ärgsten heraus.

Der Schweinestall ist fertig, aber ich weiß nicht, wo
wir die Zuchttiere herkriegen sollen. Nächste Woche
fahre ich nach Kenia. Vielleicht kann ich dort welche
kaufen. Timba Estate am Westkilimanjaro hat schon mit
der Schweinemast für uns begonnen.

Die staatliche Cattle Ranch hinter Nanyuki, die früher
Peter Besse gehört hat, vergrößert ihren Bestand an Rindern zusehends. Erstklassiges Material, glaub mir. Nachdem ich das gesehen habe, bin ich der Meinung, daß wir
keine eigenen Rinder auf Momella zu halten brauchen.

Die Knappheit an Zement ist überwunden. Aber ich
weiß im Augenblick nicht, wo ich Kanalisationsrohre bekommen kann. Sie müssen aus Ton und gebrannt sein
und innen glasiert. Die Gesundheitsbehörde verlangt
das. Aber ich kann nur Zementrohre bekommen. Na,
wir werden auch diese Frage auf irgendeine Weise klä-
ren.

Ich sitze mal wieder auf Rechnungen, die ich nicht bezahlen kann. Taju, Mohan und die anderen Lieferanten
wollen wissen, wann Du kommst. Also sag Decuma,
daß sie was schicken sollen. Oder noch besser: pack die
Rubel ein und komm so schnell wie möglich nach Hause.

Ulla und die Boys lassen herzlich grüßen. Alle warten
auf Euch. Ich habe den Boys gesagt, daß Francesca so

schnell nicht kommen kann, weil sie ein *Toto* erwartet.
Große Aufregung. Die Boys hoffen, daß es diesmal ein
Junge wird.

Sei umarmt. Kwaheri.
Dein Jim.

P.S. Die Lodge läuft normal. Ich glaube, die Gäste sind
zufrieden. Natürlich gibt's auch immer wieder ein paar
Meckerköppe, wie Du immer sagst.

Was lange währt, wird vielleicht gut

Viele Monde kamen und gingen, und die Farmer begannen, Wetten abzuschließen über die Frage, ob unsere
Farm je fertig werden würde oder nicht und wenn ja,
dann wann.

Eine deutsche Firma für Schlachthofeinrichtung lieferte die Pläne für das große Schlachthaus, wählte für uns
die Maschinen aus und brachte diese zur Verschiffung.
Der Krieg der Sechs Tage zwischen Israel und den arabischen Ländern hatte zur Schließung des Suez-Kanals geführt. Die »Usambara«, das Schiff mit unserer Schlacht-
hofausrüstung, mußte den Umweg um das Kap machen.
Als die Maschinen endlich ankamen, war ein Teil davon
beschädigt, weil sie nicht fachgerecht verpackt worden
waren. Die Reparatur dauerte lange. Auch das störte
nicht, denn wir hatten uns daran gewöhnt, daß wir nicht
alles sofort haben können.

Was ist in dieser langen Zeit der Bauarbeiten nicht alles geschehen! Ein junger deutscher Schlachtermeister,
der das Schlachthaus einrichten sollte, erwies sich nach
einem Jahr Teilnahme an den Bauarbeiten als untauglich
für den Busch und kehrte nach Deutschland zurück.

Tagelöhner, die bei Baubeginn noch unverheiratet gewesen waren, wurden Familienväter, bevor die Farm in Betrieb genommen werden konnte.

Dr. Jean-Pierre Deslarzes, der Initiator der Decuma Investment AG, gab seine Stellung als Prokurist bei einer Schweizer Bank auf, um die Leitung der Lodge zu übernehmen. Nach einiger Zeit im Busch aber stellte er fest, daß er unter den auf Momella herrschenden Bedingungen nicht leben konnte, und verließ uns wieder.

Ich kam nach Momella, half mit und ging wieder, um die Filme »The Defector«, »Le Franciscain de Bourges«, »Die Schlacht an der Neretva«, »The Secret of Santa Vittoria«, »La Monaca di Monza« und »Das rote Zelt« zu drehen.

Wolfgang, ein langjähriger Mitarbeiter auf Momella, war plötzlich dem Buschleben nicht mehr gewachsen und mußte in die Heimat zurückkehren.

Immer wieder auftretende Knappheiten an Zement und Wellblech verzögerten die Arbeiten.

Die Rinderfarm unseres Nachbarn Peter Besse wurde verstaatlicht.

Hardy Krüger jr. und Tanya Momella Mallory erblickten das Licht der Welt.

Werner von Blumenthal, der Freund, der sich so sehr für die Entflechtung des Trappe-Problems eingesetzt und sich jenseits der Grenze unseres Landes ein herrliches Haus gebaut hatte, wurde in seinem Jagdrevier von einem Elefanten getötet.

Die Tanzania National Parks übernahmen das Wildreservat an der Ostflanke des Mount Meru, legten eine Straße bis zum Meru-Krater und schufen damit eine weitere Attraktion im Momella-Gebiet.

Die Gemeinschaft der ostafrikanischen Staaten assoziierte sich mit der EWG.

Die Familie Trappe sah sich, als wir unsere Bauarbeiten gerade beendet hatten, gezwungen, den Rest ihres Landes zu verkaufen.

Am 13. Juli 1969, einem Sonntag, war es endlich soweit: der junge Schlachtermeister Hannes Dittmer setzte die Maschinerie in Bewegung und schlachtete zwei Schweine und zwei Stiere. Die im Handelsregister nach tansanianischem Recht eingetragene Firma Momella Hotel Farm Ltd. hatte die Produktion aufgenommen.

12. Blatt

Es enthält Erzählungen aus den ersten Monaten einer Farm,
die es gestern noch nicht gegeben hatte.

Lehrgeld

Die kleinen schwarzen Küken, die einmal Legehennen werden sollten, entwickelten sich prächtig. Fanueli kam eines Sonntags zur Farm herunter und fragte, ob er sie einmal sehen dürfe. Staunend sah er auf das Gewimmel der piepsenden kleinen Vögel hinunter. Er schien längere Zeit über etwas nachzudenken, bevor er fragte: »Du hast gesagt, diese Küken kommen aus Deutschland?«

»Das ist richtig«, antwortete ich.

»Ich glaube, Bwana, die Leute, die dir diese Küken verkauft haben, haben nicht die Wahrheit gesprochen.«

»Warum nicht, Fanueli?«

»Das können keine deutschen Küken sein. Das sind afrikanische.«

»Wie kommst du darauf?«

»Siehst du das nicht? Die sind doch schwarz. Genauso schwarz wie ich!«

Im Hühnerstall nebenan bestaunte er die Masthähnchen. Er hatte völlig recht, als er sagte: »Die sind ja so groß wie Strauße!«

Wir waren gleich in den ersten Monaten unseres neuen Berufes als Hühnerfarmer auf ein schmerzliches Problem gestoßen: unsere Eigenkosten für die Produktion von Hühnerfleisch lagen höher als der Ladenpreis für tiefgefrorene Hühner aus Dänemark. Einige Abnehmer hatten wir zwar, denn unsere frische Ware war zwar teurer, aber auch besser als die der skandinavischen Konkurrenz, die so billig liefern konnte, weil sie vom dänischen Staat subventioniert wird. Auf den meisten Hühnern blieben wir sitzen. Sie wurden alt und älter und entwickelten sich wirklich zu Safari-Adlern.

Wenn uns nicht einige befreundete Hotels aus der Patsche geholfen und wir nicht unsere eigene Lodge als ständigen Abnehmer gehabt hätten, wäre unser Start zur Bauchlandung geworden. So aber hielten sich die roten Zahlen in einem erträglichen Rahmen.

Besser sah es bei den Legehennen aus. Unsere Eierproduktion lief von Anfang an mit Profit. Wir hatten den Vorteil, daß wir zu jeder Jahreszeit liefern konnten, auch dann, wenn die nach althergebrachter Weise gehaltenen Hühner der anderen Farmer während der Regenzeit zum Beispiel keine Eier mehr legten.

Eine Zeitlang konnten wir die Eierproduktion sogar noch steigern, indem wir den Hennen mehr Licht gaben. Zusätzlich zu den zwölf Stunden Tageslicht sorgten wir noch für Kunstlicht. Wir ließen die Lichtmaschine morgens um 5 Uhr anlaufen und gaukelten den Hühnern damit vor, die Sonne sei eine Stunde früher aufgegangen. Abends ließen wir das Licht noch bis um 20 Uhr an. Die Hennen fraßen mehr und legten mehr Eier. Nach einigen Wochen aber ging die Produktion zurück. Wir suchten in allen Richtungen nach Gründen und fanden bald den Übeltäter. Der Nachtwächter auf der Farm hatte sich nicht an unsere Anweisungen gehalten und die Lichtmaschine weder morgens noch abends laufen lassen. Nach dem Grund befragt, antwortete er: »Die armen Hühner haben mir leid getan. Die müssen doch auch mal schlafen.«

Wer trifft schon Elefanten auf dem Weg zur Arbeit?

Hannes Dittmer, unser Schlachter aus Winsen an der Luhe, war schon eine Woche auf Momella gewesen und hatte aus mir unerklärlichen Gründen noch keinen Elefanten gesehen. Er begann zu behaupten, daß es auf Momella überhaupt keine gäbe.

Eines Morgens saß ich in meiner Badewanne, als ein ohrenbetäubendes Trompeten einsetzte. Ich wußte sofort, was geschehen war: Hannes, der jeden Morgen zu Fuß von der Lodge zur Farm ging, war auf eine Herde gestoßen. Das ist nicht neu, denn es war wiederholt vorgekommen, daß unsere auf der Lodge wohnenden Arbeiter mehrfach in der Woche, und immer pünktlich um sieben von einer Elefantenherde aufgehalten wurden. Ich habe schon einmal gedacht: ob Elefanten vielleicht Humor und eine Uhr haben und sich zuflüstern: »Gleich ist es sieben. Laßt uns am Knick des Weges warten und die Momella-boys auf die Bäume jagen!«

Naß wie ich war, sprang ich in meine Sachen und fuhr mit dem Landrover vor das Tor. An der Wegbiegung war es wie immer in solchen Fällen: einige der Arbeiter waren zögernd stehengeblieben, andere hockten auf den Bäumen, und die Elefanten fraßen behäbig am Rande der Sandstraße von den grünen Büschen. Von Hannes war nichts zu sehen. Die Boys sagten: »Er ist weitergegangen.«

Ernstlich um das Greenhorn aus Winsen besorgt, fuhr ich weiter. Nach einigen Protestschreien und halbherzigen Angriffen gaben die Elefanten meinem Wagen den Weg frei. Zweihundert Meter weiter sah ich unsere neueste Errungenschaft die Straße entlangwandern. Ich hielt neben ihm an und forderte ihn zum Einsteigen auf. »Sind Sie wahnsinnig geworden? Sie können doch nicht einfach mitten durch eine Herde latschen!«

»Wieso?« fragte er in seiner breiten Mundart. »Das war goonich so schlimm. Ich hab' da vor so ein Kerl gestanden und ihn gemustert. Er hat mich auch gemustert, un denn sech ich zu ihm ›wenn du nich rrrennst, sech ich, denn rrrenn ich schon lange nich, du Moas‹. Un denn bin ich weitergegangen.«

Gedanken eines Vaters

An dem Tage, als alle Ställe voller Vieh waren und die Räder auf der Farm sich zum erstenmal drehten, nahm ich meinen Sohn auf den Arm, meine Tochter an die Hand und zeigte ihnen, was in den letzten Jahren entstanden war. Malaika spielte sofort mit den Küken, so wie ich es mir in meiner Phantasie immer ausgemalt hatte. Der Junge war nicht ganz ein Jahr alt und konnte noch nicht laufen. Er hing an meinem Hals. Mit großen runden Augen nahm er alles staunend in sich auf. Während Malaika laut »Piep-Piep« rief und mit ihrer kleinen Hand vor lauter Begeisterung ein gelbes Küken so fest an sich drückte, daß das arme Federvieh beinahe im Hühnerhimmel angekommen wäre, dachte ich:

›So, Kinder. Es war ein langer Weg vom Wedding nach Momella. Jetzt steht hier etwas, das ihr eines Tages übernehmen könnt: Bäume, die ich gepflanzt, Häuser, die ich gebaut habe. Vorher war ich nur ein Name. In Neonschrift und auf Plakaten. Leuchtröhren sind schnell ausgewechselt. Plakate kann man überkleben. Was hier steht, lebt. Und wird noch lange leben.‹

Francesca stand dabei und strahlte.

Handlungsreisende in Sachen Fleischwaren

Am frühen Morgen des 17. Juli 1969 lieh ich mir zwei harte Luftreisekoffer von Ulla und ließ sie auf der Farm vollpacken mit allem, was wir beim ersten Anlauf produziert hatten: Masthähnchen, Eier, Filets, Räucherrippchen, Blut-, Leber- und Mettwürste, Fleischwürste, Bratwürste, Roastbeef, und was es sonst noch alles gab.

Francesca, Hannes Dittmer und ich flogen nach Daressalam. Die Hotelfachschule im New Africa Hotel stellte uns einen Raum und Personal zur Verfügung. Mein holländischer Freund Tom Detrie von der Tanganjikan Development Finance Company hatte alles perfekt vorbereitet. Am nächsten Mittag kamen fünfzig Eingeladene von Regierung, Hotelorganisationen, der Staatlichen Handelsgesellschaft und Mitglieder diplomatischer Vertretungen zusammen, um von allem ein wenig zu kosten und um zu sehen, was man in Tansania herstellen kann, wenn man will. Von der Botschaft der Bundesrepublik konnte leider niemand kommen.

Hannes fand sofort einen neuen Freund, den Chefkoch und Lehrmeister der Hotelfachschule, der ihm alles grillte und kochte, wie er es haben wollte. Francesca begrüßte die Gäste. Ich ließ mir an der improvisierten Bar einen Drink geben und war aufgeregt wie bei einer Premiere. Schließlich war es ja auch eine, wenn auch in einem anderen Metier.

Die Kostprobe wurde ein voller Erfolg. Alle klopften uns auf die Schulter und sagten: »Wenn ihr *die* Qualität zu Preisen herstellen könnt, die nicht über denen der Importware liegen, dann habt ihr eine große Zukunft vor euch.«

Wir nannten unsere Preise, die unter den importierten Fleischwaren liegen. Ergebnis: wir flogen nach Momella zurück mit der Vereinbarung zwischen der Staatlichen Handelsgesellschaft und Momella Hotel Farm Ltd., daß alles, was Momella produziert, von der Handelsgesellschaft zu den bereits festgelegten Preisen abgenommen wird. Die einzige Enttäuschung auf seiten unserer Abnehmer war, daß wir nicht genug produzieren konnten. Meine Gegenfrage, ob denn die Staatliche Handelsgesellschaft ausreichende Kühlräume in Arusha zur Verfügung hätte, falls wir mehr produzieren würden, mußte negativ beantwortet werden. Pläne wurden geschmiedet. Wir sollten die Produktionsstätte vergrößern, und die Regierung würde für ausreichende Lagerhäuser sorgen. Zukunftsmusik. Wir hatten gerade etwas begonnen und mußten schon wieder an Erweiterung denken. Die Geister, die ich rief . . .

Geduld, Freunde, Geduld

Unser weiterer Weg erschien uns so rosig wie der Schnee auf dem Kilimanjaro morgens um sechs. Aber schon bald wurde unser Höhenflug gebremst.

Hannes hatte seine afrikanischen Helfer angelernt, und unsere Produktion lief den Verhältnissen entsprechend gut und reibungslos. Die erste Lieferung für die Handelsgesellschaft, im Werte von 25 000 Shilling lag in unseren Kühlräumen bereit. Wir konnten sie aber nicht ausliefern, weil das Kühlhaus unseres Abnehmers in Arusha nicht aufnahmebereit war. Wir mußten unserem staatlichen Vertragspartner unter die Arme greifen und das Lager für ihn installieren. Kaum hatten wir das geschafft und unsere erste Sendung in Arusha ausgeladen, da erschien eine Kommission vom Landwirtschafts- und Gesundheitsministerium, die uns erklärte, wir hätten

uns bei unserer Anlage nicht an die Bestimmungen gehalten. Hier fehlte dies, da fehlte jenes.

Unser Hinweis auf die Tatsache, daß dieses Schlachthaus von einer der größten Firmen Europas entworfen
und ausgerüstet sei, einer Firma, die unter anderem die
riesigen Schlachthöfe von Rom gebaut habe, stieß auf
Ignoranz. Mit der typischen Engstirnigkeit von Staatsbe-
amten, die jedermann ihre Wichtigkeit beweisen müssen,
wurde uns erklärt, daß diese Änderungen vorzunehmen
seien und die Produktion bis dahin eingestellt werden
müsse. Wir führten die Änderungen durch. Als nächstes
machte man uns darauf aufmerksam, daß wir einen speziellen Raum bauen müßten, wo ein Moslem-Schlachter
nach Moslem-Riten die Schlachtungen separat auszufüh-
ren habe. Schließlich sei Tansania ein Multi-Religionen-
Land, und auf alle Bedürfnisse müsse Rücksicht genommen werden. Wieder stand die Produktion still.

Dann fiel die große Lichtmaschine aus. Wir kauften
zwei neue, hatten aber lange zu warten, bis die Apparate
aus Daressalam angeliefert wurden. Abermals ein Pro-
duktionsstop, denn ohne Kühlhäuser, die 24 Stunden am
Tage mit Strom versorgt werden, kann ein solcher Betrieb
nicht arbeiten.

Unsere Geduld wurde auf eine harte Probe gestellt. Ich
fühlte mich manchmal wie der Mann, der im Supermarkt
Einkäufe macht und seine Baby-Tochter dabei im Kinderwagen vor sich hinschiebt. Das Kleinkind schreit, als
würde es abgestochen. Andere Kunden drehen sich em-
pört um und halten sich die Ohren zu. Der hochrote Kopf
des Kindes scheint zerspringen zu wollen. Der Vater aber
sieht gar nicht hin. Um seine Nerven zu beruhigen,
spricht er mit einem übermenschlichen Aufwand an
Selbstkontrolle ganz leise in sich hinein: »Ganz ruhig,
Willy, gaaaaanz ruhig!«

Dennoch: wir wußten immer, daß wir auf dem richtigen Wege waren. Ein bißchen mehr oder weniger Sand im Getriebe läßt den afrikanischen Farmer nicht auf die Idee kommen, seinen Wagen stehenzulassen und zu Fuß nach Hause zu gehen.

Und noch eines: wer irgendwo in Europa mit seinem frisch aufgebauten Betrieb in den Kinderschuhen steckt und sich den Kopf zerbricht, wie er die Probleme überwinden kann, ist zu bedauern. Die Telefone klingeln unentwegt, wenn er gerade nachdenken will. Die Konkurrenz nutzt die Situation aus. Wenn der Mann abends nach Hause fährt, steckt er in einem Strom von Autos mit übernervösen Fahrern, die sich gegenseitig anschreien. Zu Hause angekommen, findet er ein Fernsehgerät vor, das auf Hochtouren läuft. Der Sohn nebenan spielt die neuesten Beat-Platten mit einer Lautstärke, daß der Putz von der Decke rieselt. Der Mann erstickt mit seinen Sorgen im Lärm und muß zu Beruhigungsmitteln greifen.

Wer aber, wie wir, im Busch auf ein Hindernis stößt, der weiß, daß er, und nur er, es beiseite räumen kann und wird. Der Vorgarten Momellas ist das riesige, schweigende, farbige und rätselhafte Afrika. Um meinen Ärger zu vergessen, brauche ich nur in irgendeine Richtung zu laufen, mich an einen See zu setzen und mich von dem Zauber dieses Landes gefangennehmen zu lassen. Die Erkenntnis, wie klein man ist und wie unwichtig, macht ruhig und vermittelt Kraft und neue Ideen. Morgen geht die Sonne wieder am Kilimanjaro auf, und was es auch für Hürden sein mögen, morgen werde ich sie nehmen. Es wird noch viele Hürden geben. Aber auch viele Morgen.

13. Blatt

Es enthält Gedanken über Vergangenheit und Gegenwart und wirft an der Schwelle des Jahres 1970 einen Blick in die Zukunft.

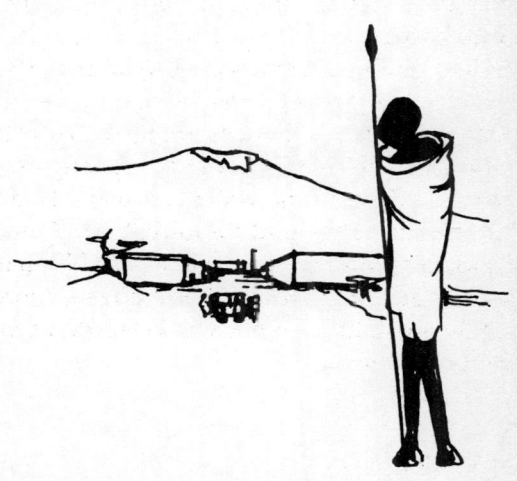

Wo der Morgen dem Abend folgt . . .

Am Silbersee, unweit der Lodge, gibt es eine Ruine. Es
ist eigentlich keine. Aber die Touristen nennen sie so. Sie
liegt genau zwischen einem Büffelpfad zur Linken und
einem breit ausgetretenen Weg für Elefanten auf der
rechten Seite. Allabendlich gegen fünf zieht eine Elefantenherde gemächlich den Gestaden des kleinen Sees entgegen, um den Durst zu löschen. Die Büffel kommen erst
etwas später, so gegen Sonnenuntergang. Manchmal gesellt sich ein Nashorn zu ihnen. Ich habe auch schon Leoparden am Silbersee gesehen, und Flußpferde sind dort
häufig zu Gast. Mit dem zu Ende gehenden Tag wird der
Schnee auf dem Kilimanjaro dunkelblau, und der Mount
Meru färbt seine fünftausend Meter hohen Felsen mit einer Mischung aus Grau und Lila. Die letzten müden Sonnenstrahlen lassen die hellgrünen Rinden der Schirmakazien noch einmal aufleuchten. An diesem Platz wollte
ich ein Haus für meine Familie bauen. Das war vor drei
Jahren. Wir haben ein Stück Land vom Busch befreit und
ein Fundament aus Flußsteinen und Beton gebaut. Außer
den Eckpfeilern konnten wir noch den Kamin hochmau-
ern. Dann mußten die Arbeiten abgebrochen werden,
weil alle verfügbaren Maurer und Handlanger beim Aufbau der Farm gebraucht wurden.

   Das Roden von Busch ist eine langwierige Arbeit.
Selbst wenn man sie sorgfältig ausgeführt hat, wenn

auch die Wurzeln ausgegraben worden sind, alles getrocknet und verbrannt worden ist, wundert man sich oft, woher die neuen Sprößlinge kommen, die eilig aus dem Boden schießen, sobald der erste Regen auf das gerodete Land gefallen ist. Was da sofort nachwächst, nennen wir Unkraut, weil uns diese wildwuchernden Pflanzen keinen Nutzen bringen. In wenigen Jahren wird aus dem Unkraut neuer, meterhoher Busch. So ist denn auch das Fundament unseres liebevoll geplanten Hauses inzwischen wieder wie ein Dornröschenschloß zugewachsen. Was Menschen begannen, aber nicht zu Ende führten, ist wieder zu Busch geworden. Momella-Gäste, neu im Lande und von zu Hause an Ruinen gewöhnt, halten die sichtbaren Zeugen liegengelassener Arbeit für zerborstene Säulen einer vergangenen Pracht.

Ähnliches kann im Busch mit allem geschehen, was einmal unter großen Mühen begonnen wurde. Im Jahre 1907 mochte es noch angehen, daß Ulrich Trappe Pflanzen in den Boden steckte und auf den Regen wartete. Heute müßte er künstlich bewässern, um, den neuen Erkenntnissen folgend, zwei Ernten pro Jahr zu erzielen. Seine Erben haben das nicht erkannt. Sie glauben noch immer, im Afrika ihrer Kindheit zu leben, wo der Morgen dem Abend folgt, wo das, was einmal aufgebaut worden ist, auch dann noch freiwillig das tägliche Brot auf den Tisch bringt wenn man das Unkraut nicht am Wuchern hindert. Es ist ein betrübliches Kapitel in der Chronik Momellas, wenn die Familie Trappe, die am Fuße des Meru vor 63 Jahren aus wildwucherndem Land eine blühende Farm machte, heute das letzte Stück ihres einst riesigen Besitzes verkaufen mußte und daran denkt, eine Wohnung in der Provinzhauptstadt zu nehmen. Die Trappes werden sicher keinen Hunger leiden. Rolf wird vermutlich weiter als White Hunter Safaris führen und bis zu seinem letzten Atemzug in der Wildnis leben. Die Söhne Rikki und Butschi studieren schon jetzt an europäischen Schulen. Aber es ist alles ganz anders gekommen, als es geplant war. Die Buddenbrooks von Tanganjika haben ihr Land, in dem noch immer ihre Wurzeln stecken, an andere Menschen abgetreten. Die National Parks von Tansania boten den Kaufpreis für die letzten 900 Acres der Trappe-Farm. Das unverschuldet verlorengegangene Ngongongare, das Land am Auge des Wassers, auf dem alles begann, ist jetzt von der Regierung übernommen worden und soll ebenfalls dem Momella-Nationalpark zugeschlagen werden. So wird denn, wenn auch unbewußt, der letzte Wunsch von Margarete Trappe erfüllt: Momella gehört ein für allemal den Elefanten.

Die Massai

Wenn europäische und amerikanische Erholungsuchende heute begeistert ihre vollautomatischen Fotoapparate von den schützenden Lederhüllen befreien, sobald sie vor einer Massai-Boma stehen, um die farbenprächtigen, gravitätischen Könige dieses Landes im Bild festzuhalten, dann ahnen sie sicher nicht, daß sie Angehörige eines Stammes fotografieren, der der Entwicklung des Landes hemmend im Wege steht. Sie sehen nur die dürren, hochaufgeschossenen Gestalten in ihren orangefarbenen Tüchern. Die langgestreckten, niedrigen, fensterlosen Hütten aus Lehm und Kuhmist vermitteln »Romantik«. Vielleicht hat der eine oder der andere unter den Touristen schon irgendwo einmal gelesen, daß die Massai an Tuberkulose und anderen Krankheiten leiden und im Grunde ein aussterbender Stamm sind. Nur wenige wissen, daß schon die Engländer während der Mandatszeit feste Häuser aus Stein in den Randgebieten von Städten für die Massai gebaut haben, um den auf Unabhängigkeit bedachten Stamm der Zivilisation näherzubringen. Die Massai haben damals nur ein paar Nächte unter festem Dach verbracht, dann sind sie wieder in die Steppe gezogen. Die Massai sind Nomaden. Manchmal kommen sie in die Städte und in die Nähe von Farmen. Sie wissen, daß es Autos gibt und Flugzeuge und Eisschränke. Aber sie wollen damit nichts zu tun haben. Der Stolz des Massai ist seine Kuhherde. Seine Bedeutung in der Gemeinschaft wird gemessen an der Zahl seiner Stiere, Kühe und Ziegen. Es nützt nichts, wenn man ihm sagt, daß er zu viele Tiere in der ausgedörrten Savanne, die von Jahr zu Jahr unergiebiger wird, weiden läßt. Entscheidend für ihn ist lediglich die Größe seiner Herde. Einer jahrtausendealten Überlieferung folgend, verbrennt er noch heute das Steppengras, sobald er glaubt, daß der große Regen naht. Damit macht er zwar das unfruchtbare Land zunächst ergiebiger, weil das grüne Gras nach dem Regen schneller aus der Asche schießt. Aber er will nicht verstehen, daß er auf diese Weise den Nährboden auf lange Sicht zum Tode verdammt. Einem Massai gehört schließlich die ganze weite afrikanische Welt. Wenn seine mageren Rinder in dem einen Gebiet nichts mehr zu grasen finden, zieht er einfach weiter.

Der Aufforderung der Regierung, seine Kinder in die Schule zu schicken, will er nicht nachkommen. Was der Sohn wissen muß, lernt er vom Vater. Schließlich hat er zu oft beobachten können, was dabei herauskommt, wenn Knaben den Stamm verlassen, um in einer Missionsschule lesen, schreiben, rechnen und das Evangelium zu lernen: mit zwölf oder vierzehn Jahren aus der Schule entlassen, sind sie für die Alten des Stammes zu gebildet und für die Arbeitgeber in den Städten reicht die

Halbbildung bei weitem nicht aus. Für einen solchen Knaben sind die Brücken hinter ihm abgebrannt, und der Weg vor ihm ist ein steiniger Pfad. Oft endet er in dem Armenviertel der nahe gelegenen Stadt. Nein, ein junger Massai kommt nicht in die Schule. Auch nicht in die Institute der neuen Regierung. Denn was er da lernen kann, reicht im besten Falle aus, von anderen Leuten Arbeit und Brot zu nehmen. Warum aber sollte ein Massai zur bezahlten Arbeitskraft anderer Menschen werden? Da ist es schon besser, er bleibt beim Stamm und hütet die Ziegen des Vaters. Oder er wird Krieger. Noch vor wenigen Jahren mußte ein Knabe Mutproben ablegen, bevor er sich wie die anderen Krieger die Haare rot färben durfte. Er mußte einen Löwen zum Angriff fordern. Sobald die Bestie, fauchend durch die Luft fliegend, auf ihr vermeintliches Opfer zustürzte, hatte der junge Massai sich hinzuknien und den langen Speer dem Löwen entgegenzustrecken, der sich auf der messerscharfen Spitze aufspießte und verendete. Das war früher. Heute ist auch das nicht mehr erlaubt. Ein neues Wort ist für diese Mutprobe erfunden worden: Wilddieberei. Wer dabei ertappt wird, muß ins Gefängnis. Der alte Massai kann so etwas nicht verstehen. Ebenso staunend verhält er am Rande der saftiggrünen, wasserreichen Reservate, in denen wilde Tiere geschützt werden, als seien sie Menschen.

Die Massai stehen der neuen Zeit mit Unverständnis gegenüber. Natürlich gibt es auch Ausnahmen. Vereinzelt studieren junge Männer dieses Stammes an afrikanischen und europäischen Universitäten. In der Schule für Wildhüter in der Nähe von Moshi sind unter den Eleven viele Massai anzutreffen, und in der staatlichen Rinderfarm von Ngare Nanyuki habe ich sie unter den Cowboys getroffen. Aber das sind tatsächlich Ausnahmen. Allgemein kann gesagt werden, daß der königliche Steppenstamm vorläufig noch ein Hindernis auf dem Wege der Entwicklung Tansanias ist. Seine rückständige Denkungsart gesellt sich als Problem zu vielen anderen Problemen, die der junge Staat zu lösen hat. Nun spielt sich aber auf der ganzen Welt und zur gleichen Zeit ein Prozeß der Neuordnung und des Umdenkens ab. Tradition gilt nirgendwo mehr als Antwort auf alle Fragen. Eine Doktrin, die lange Jahre hindurch von Wert gewesen ist, hat mit einemmal Staub angesetzt und muß neuen Überlegungen Platz machen. Politische und religiöse Dogmen werden kritisch unter die Lupe genommen und erfahren neue Auslegungen. Vormachtstellungen alter Erben konservativer Prägung werden von einer schnell nachdrängenden jungen Generation angezweifelt und in vielen Fällen sogar aufgehoben. Die sich überall ausbreitende Progression gleicht den Wellen einer Sturmflut. Die ersten höhlen den Deich aus, der sich ihnen hindernd in den Weg stellt, und die nächsten ziehen seine zerschlagenen Reste von Bruch und Einzelteilen im großen Sog hinter sich her.

Neuer Plan, am Fluß geschmiedet

Der Winter 1969 war für Momella ein besonders heißer Sommer. An einem Tag, an dem auch nicht das leiseste Lüftchen den Schweiß daran hinderte, sich von meinem Gesicht aus den Weg ins Khakihemd zu bahnen, lag ich im Schatten eines Felsens am Ngare Nanyuki und sah Jim zu, der am Ufer des Flusses nach Forellen suchte. Wir beide wissen schon lange, daß es hier keine Forellen gibt. Nach einer Weile gab er die Suche endlich auf und wühlte statt dessen mit seinen Pranken im Kies.

»Hier muß es Diamanten geben«, behauptete er.

»Quatsch«, sagte ich.

»Ein alter Farmer von Dutch Corner hat mir gesagt, daß es hier Diamanten gibt«, beteuerte Jim.

Und ich antwortete: »Derselbe alte Farmer hat mir einmal gesagt, auf Momella gäbe es nur drei Dinge: einen Hühnerstall, einen Schweinestall und einen Touristenstall.«

Jim wollte sich ausschütten vor Lachen.

Wir waren zum Fluß gegangen, weil es etwas zu besprechen gab. Immer wenn wir uns etwas Wichtiges zu erzählen haben, gehen wir in den Wald. Oder in den Busch. Oder an einen See. Irgendwohin. Dann wartet der, der zuhören soll, bis der andere endlich anfängt. Diesmal war ich dran.

»Wir müssen wieder bauen, Jim.«

»Das ist wahr«, bestätigte er, »wir brauchen Platz für die Muttersauen.« Ich wußte, daß er mich absichtlich mißverstanden hatte. »Nein, Jim. Wir müssen nicht auf der Farm bauen. Jedenfalls nicht sofort. Ich spreche von der Lodge. Die Lodge braucht mehr Better..«

»Heiliger Schneeball!« Der Mähnenlöwe spielte weiter mit den Kieselsteinen. »Ich dachte immer, wir wollten klein bleiben. Gemütlich. Familiär. Deine Worte.«

»Stimmt«, gab ich zu, »aber hast du was dagegen, wenn ich über Nacht klüger werde?«

»No«, grinste er, und ich begann, meine Gedanken laut vor mich hinzureden.

»Was früher einmal gut war, reicht heute nicht mehr aus. Sicher ist es einmal fortschrittlich gewesen, als wir ein kleines Bungalow-Hotel gebaut und Touristen aus Europa in den Busch geflogen haben. Aber das ist gut zehn Jahre her. Für die siebziger Jahre genügt das nicht mehr. Bald werden die Jumbo-Jets — und wer weiß, was schon wenig später nach ihnen kommt — Ferienreisende und Tierfreunde in größerer Zahl als bisher nach Afrika fliegen. Schon seit Juli 1969 wird bei Sanya Juu, in der Steppe zwischen Moshi und Arusha, an einem riesigen internationalen Flugplatz gebaut. Italien hat das Geld dafür gegeben. Von 1971 an werden Flugzeuge aus aller Herren Länder den ›Kilimanjaro International Airport‹ anfliegen. Von da bis nach Momella sind es nur 45 Minuten im Wagen. Was nützt uns aber der nahe Flugplatz und was kann Tansania schon damit anfangen, wenn wir nicht genügend Unterkünfte für die Touristen haben? Alle Hotels müssen erweitern. Neue Hotels werden entstehen. Und wenn wir nicht wollen, daß Momella in einen Dornröschenschlaf versinkt, dann müssen wir etwas tun. Und zwar sofort.«

Jim warf die Kieselsteine in den Ngare Nanyuki zurück und sagte: »Wenn das alles so ist, wie du sagst, dann brauche ich ja nicht weiter nach Diamanten zu suchen.«

Er setzte sich neben mich in den Schatten des Felsens und wollte wissen: »Kriegen wir bei deiner schönen Zukunftsmusik dann vielleicht auch eine andere Art von Gästen?«

Meine Prognose ist, glaube ich, nur zögernd gekommen, denn ich frage mich, ob meine Phantasie den Realitäten nicht doch ein wenig vorauseilt.

»Ja«, sagte ich, »ich glaube schon. Die Jumbo-Jets werden zu Preisen fliegen, die sich jeder leisten kann. Und wenn das geschieht, dann sind die Zoologischen Gärten auf der Welt überflüssig geworden. Wer seinen Kindern wilde Tiere zeigen will, kann hierherkommen. Ist das nicht ein herrlicher Gedanke? Löwen ohne Gitter und Elefanten ohne Wassergraben . . .«

»Viele Kinder auf Momella — das ist gut«, strahlte Jim und stand auf. »Der Gedanke macht mich durstig. Laß uns bei einem Glas mit Wodka Bitter Lemon weiter darüber nachdenken.«

Auf dem Heimweg durch den Wald blieb er plötzlich stehen. Er wollte wissen, woher wir das Geld für den Anbau nehmen würden.

»Weiß noch nicht«, antwortete ich.

»Kein Film in Aussicht? Ich meine, einer, der dir gefällt?«

»Sieht nicht so aus.«

»Und die Decuma?«

»Ich muß mit ihnen sprechen.«

Wir gingen weiter. Als gleich hinter dem großen Sumpf die ersten Dächer von Momella durch die Schirmakazien schimmerten, fragte Jim: »Hast du keine Freunde?«

Doch. Ich habe Freunde. Mit dem nächsten Linienflugzeug, das Nairobi um Mitternacht verließ, flog ich nach Hamburg, um mir bei dem Wirtschaftsanwalt Gerhard Helm und dem Kaufmann Dieter Grassy Rat zu holen. Als ich zu den beiden in der Anwaltspraxis stockend zu reden begann, war das Gespräch mit Jim am Fluß mit einemmal zweihundert Jahre alt und mehr als fünfunddreißigtausend Kilometer weit weg. Wenn helle Sonne alle Farben Afrikas zum Leuchten bringt, fällt das Träumen für das Morgen leicht. Bei grauem Winterhimmel aber, der auf die Seele drückt, hat die Zukunft keine Chancen. Über Helms Schreibtisch brannte sogar schon mittags Licht. Schneeflocken tanzten vor dem Fenster. Kreischend stießen ein paar verhärmte Möwen auf schmutziggrünes Wasser zu. Weiter links vom Fenster huschte eine vermummte Masse Mensch hastig über eine enge Brücke. Ein, zwei Mädchen trugen leuchtendrote Mäntel. Sonst gab es keine Farben. Wie weit war wohl das Denken meiner beiden Freunde schon in das Grau des Nordens eingetaucht? Ich sah sie mir genauer an. »Erzähl weiter, Junge«, brummte Helm, »mach's nicht so spannend.« Und Grassy grinste: »Noch ein paar Sätze, und ich nehm' das nächste Flugzeug nach Momella.« Sie hatten mich also doch verstanden. Ich konnte weiter von der Zukunft reden.

Wir brauchen auf Momella doppelt so viele Bungalows wie bisher. Wenn dann später die Eltern mit ihren Kindern in den Wald gehen, um die Tiere an der Tränke zu beobachten, wird der eine Zweibeiner den anderen kaum zu Gesicht bekommen. Dazu ist das Gebiet einfach zu groß. Menschen verlieren sich darin, wie Stecknadeln in einem Heuhaufen. Nun bleibt aber so eine Herberge im Busch, selbst wenn man sie ausbaut, auch weiterhin nichts anderes als ein winzig kleines Hotel in der Mitte von Nirgendwo, das auf einen Organisator außerhalb Afrikas angewiesen ist. Die deutschen Reiseveranstalter, mit denen wir bisher zusammengearbeitet hatten, wie etwa die Gruppe Touropa/Scharnow, sind ungeeignet für unsere Zukunftspläne, weil sie nur ihren eigenen Vorteil im Auge haben. Sie wollen, daß Momella ihnen die Unterbringung das ganze Jahr hindurch garantiert, sind aber selber nicht bereit, irgendwelche Garantien für die en bloc gebuchten Bungalows abzugeben. Ein solches Arrangement nützt ohne Zweifel demjenigen, der irgendwo in Europa Reisen verkauft, als handele es sich um Handschuhe oder eine andere Fertigware. Das Risiko aber wird ganz allein von Momella getragen. Im Grunde ist das wie Kolonisation: Ihr gebt, wir nehmen. Wenn die Zitrone ausgequetscht ist, werfen wir sie weg und verkaufen Reisen in die Karibische See.

Eine zierliche Frau trug dampfendheißen Kaffee und drei Tassen in das Anwaltszimmer. Die Schneeflocken vor dem Fenster über dem Kanal tanzten in Spiralen. Wind war aufgekommen.

»Wenn ich dich richtig verstehe«, überlegte Grassy, »dann suchst du für Momella nur eine neue Verkaufsorganisation.«

»Laß die Verkaufsorganisation mal beiseite«, meinte Helm in seiner gedehnten Art zu reden, »die kommt von selbst.« Und an mich gewendet: »Zunächst einmal müßt ihr Momella vergrößern. Sofort. Du hast dir mit allem, was du uns eben erzählt hast, die Antwort auf deine Frage selbst gegeben: wenn die Jumbos kommen, darf Momella nicht mitten im Busch vor sich hinträumen. Ich glaube, ihr werdet mit der doppelten Bettenanzahl nicht auskommen. Vielleicht am Anfang. In einem Jahr müßt ihr wenigstens zweihundert Gäste unterbringen können.«

Ich schlürfte den schwarzen Kaffee und versuchte mir das alles vorzustellen. »Kann ich zu dem Kaffee bitte einen Cognac haben?« fragte ich.

Grassy trank auch einen und sagte: »Dann müssen wir also jetzt sofort die Mittel auftreiben, um Momella zu erweitern und auf Hochglanz zu bringen.«

»Genau so ist es«, bestätigte Helm. Er rieb sich mit beiden Zeigefingern die Augen hinter den Brillengläsern und stellte fest: »Für die Beschaffung der Mittel bieten sich zwei Möglichkeiten an. Erstens: Momella folgt dem internationalen Trend, der im Zusammenschluß von Interessengruppen besteht. Das würde bedeuten, daß eine Luftlinie oder eine Touristikorganisation bei euch als Partner einsteigt. Dieser neue Aktionär wird naturgemäß alles tun, um das Hotel, an dem er ja beteiligt ist, ganzjährig zu belegen. Zweitens — und jetzt komme ich zur Verkaufsorganisation: Momella schließt Garantieverträge mit mehreren Reiseveranstaltern, möglichst verschiedener Nationalitäten, ab. Auf Grund derartiger Garantieverträge bringen wir die Finanzierung für die Neubauten leicht auf die Beine. Was ich im Grunde sagen will, ist dies: wer jetzt, nachdem die ganze Aufbauarbeit von euch seit Jahren geleistet wurde, Gäste nach Momella bringen will, muß sich vorher binden.«

»Wird es Touristikunternehmen geben, die bereit sind, Garantieverträge zu unterschreiben?« wollte ich wissen.

»Und wie!« rief Helm. »Die Zeiten haben sich geändert. Vor ein paar Jahren mußtet ihr froh sein, wenn man euch Gäste schickte. Heute sind die Reiseveranstalter glücklich, wenn ihr ihnen Betten zur Verfügung stellt!«

Grassy erkundigte sich, ob Momella über genügend Kapital verfüge, um den ersten Bauabschnitt zu finanzieren, und als ich sagte: »Ja, das können wir«, schlug Helm mir auf die Schulter und meinte: »Dann flieg nur ruhig nach Hause in deinen Busch, und fang an zu bauen. Alles andere kannst du Grassy und mir überlassen. In spätestens vier Wochen kommen wir dich besuchen. Mit Garantieverträgen.«

Nun bauen wir also wieder einmal, und Tschagga Hopper und all die anderen Maurer schwitzen, weil sie Wände schnurgerade hochziehen müssen. Sobald der erste Düsenriese auf dem »Kilimanjaro International Airport« landet, wird für Jim und mich die Zeit der Amateurtätigkeit und der Improvisation endgültig der Vergangenheit angehören. Ein professionelles Management wird die Leitung der Lodge übernehmen. Von der Farm aus wollen wir mitansehen, wie sich die Wildhütte zu einem richtigen Hotel mausert.

Gleichzeitig aber müssen wir uns wieder einmal die Ärmel hochkrempeln, denn die Farm ist noch lange nicht das, was sie eines Tages sein soll. Wenn alle Hotels anbauen und neue Lodges entstehen, müssen mehr Touristen als heute versorgt werden. Die Regierung von Tansania strebt an, daß die staatliche Fleischwarenfabrik »Tanganjikan Packers« und die private Momella-Farm in die Lage versetzt werden, den Eigenbedarf Tansanias an Fleischwaren zu erzeugen. Exportaufträge liegen vor. Aber der Eigenbedarf kann nicht gedeckt und die Exportmöglichkeiten können nicht genutzt werden, weil die Kapazität beider Firmen bei weitem nicht ausreicht. Also werden wir auf Momella wieder einen Schritt weitergehen. Wir werden anbauen und neue Maschinen kaufen. Wir werden Fachleute aus Europa kommen lassen, die aus ungelernten afrikanischen Arbeitern Fachkräfte machen, und die auf Grund ihrer Kenntnisse und Erfahrungen mithelfen können, das im großen Stil zu Ende zu bringen, was Jim Mallory und ich als Amateure mit Ideen begonnen haben. Ideen und guter Wille allein reichen heute nicht mehr aus. Die Zeit der kleinen Familienbetriebe, die still vor sich hinarbeiten, um ihre eigenen Bedürfnisse zu befriedigen, ist auch in Ostafrika vorbei.

Das neue Jahrzehnt

Der erste Fünfjahresplan Tansanias ist Anfang 1969 zu 72 % erfüllt worden. Dies ist ein Ergebnis, wie es nur wenige Länder vorweisen können. Der im Mai 1969 proklamierte zweite Fünfjahresplan gibt klare Auskunft über die sehr real denkenden Tansanianer. Da ist unter anderem festgelegt worden, daß alle ursprünglichen landwirtschaftlichen Produkte, wie Mais, Weizen, Sisal, Nüsse, Kaffee, Geflügel, Eier, Rinder, Schafe und ähnliches, also alles, was die Bevölkerung ohne Hilfe von außen selbst produzieren kann, von den Einwohnern des Landes ungestört und konkurrenzlos bei festen Marktpreisen zu erzeugen ist. Auf der anderen Seite ist für alle Zweige der verarbeitenden Industrie, ganz gleich welcher Art, jedermann und jede Firma der Welt aufgefordert und eingeladen worden, finanzielle Mittel, Sachwerte und fachliche Kenntnisse in Partnerschaft mit den parastaatlichen Organisationen Tansanias zur Verfügung zu stellen, um somit den eigenen Nutzen zu mehren und gleichzeitig beim wirtschaftlichen Aufbau des Landes mitzuwirken.

Es wird viel darüber geschrieben und noch mehr darüber gesprochen, daß Tansania in das kommunistische Lager hinüberwechselt. Bei Beginn des Jahres 1970 müssen diese Ansichten als rein spekulativ bezeichnet werden. Sie entbehren der sachlichen Begründung. Tansania gehört ganz eindeutig in das Lager der blockfreien Staaten. Nyerere hat das wiederholt betont und durch seine Politik bewiesen. 1967 hat er beispielsweise gesagt (vgl. Ansprenger: ›Afrika . . .‹, S. 54):

» . . . Wir werden zu einem Problem Stellung nehmen, wenn es auftaucht, und so, wie es das verdient. Wir werden von speziellen Streitigkeiten mit einzelnen Ländern weder zu allgemeiner Feindschaft gegen eine bestimmte Staatengruppe noch zu automatischer Unterstützung jener Staaten übergehen, die aus ihren eigenen Gründen mit denselben Nationen streiten. Wir wollen mit allen Staaten und mit allen Völkern in Freundschaft leben. Vor der Unabhängigkeit hatten wir keinen direkten Kontakt mit Ostblockländern . . . Wir wollen Freundschaft mit diesen nichtwestlichen Staaten so gut wie mit westlichen Staaten und auf der gleichen Basis gegenseitiger Nichteinmischung in die inneren Angelegenheiten. Wir werden uns keine exklusiven Freundschaften erlauben. Wir werden niemandem erlauben, irgendwelche Freunde oder Feinde für uns auszusuchen . . .«

Das ist eine klare Sprache, die auch Antwort auf die

Frage gibt, warum sich Tansania eine Eisenbahnlinie, die von Daressalam in das Nachbarland Sambia führt, von der Volksrepublik China bauen läßt. Die Eisenbahn war mehr als nötig geworden, und wenn kein anderes technisiertes und wohlhabendes Land Ingenieure, Material und finanzielle Mittel zur Verfügung stellt, dann bauen eben die Chinesen diesen Schienenstrang. Ohne Zweifel werden die Chinesen ihren Einfluß in Tansania auf Grund dieser Hilfeleistung mehren können. Aber ist denn die Entwicklungshilfe der westlichen Länder gar so uneigennützig? Und haben die ehemaligen Kolonisatoren nicht einiges wiedergutzumachen? Und wenn der westlichen Welt die Angst vor den Erfolgen der Kommunisten so sehr in den Knochen steckt, dann sollte sie aufhören zu reden, die Scheuklappen beiseite werfen und vermittels Taten, die unserer demokratischen Lebensform entsprechen, mit dem Kommunismus in einen freien Wettbewerb treten.

Schon seit einigen Jahren weisen europäische Wissenschaftler ihren Regierungen nach, daß es nicht sehr lange dauern wird, bis Europa nicht mehr in der Lage ist, sich aus eigener Kraft zu ernähren. Das 21. Jahrhundert beginnt nicht erst in sieben Jahren. Schon übermorgen wird Europa auf seinen afrikanischen Lieferanten angewiesen sein. Es ist wiederholt geschrieben worden, daß ein Blick auf die Landkarte genüge, um festzustellen, daß der Herkules Afrika die grazile und nervöse Dame Europa auf seinen Schultern trägt. Das Bild stimmt, aber es muß hinzugefügt werden, daß die Muskeln dieses Herkules heute noch nicht so stark sind, wie es den Anschein hat. Afrika ist ein schwacher Riese, der freundlich gemeinten Rat und Hilfe gern annimmt. Die Geschichte zeigt aber auch, daß jeder, der sich ihm unfreundlich näherte, auf fast unerklärliche Weise zu Schaden kam.

In Ostafrika werden Straßen, Eisenbahnen und neue Flugplätze gebaut werden. Industriezentren müssen entstehen. Weite Strecken heute noch unerschlossenen Landes müssen landwirtschaftlich genutzt werden. Das Bild der Landschaft kann sich dadurch kaum verändern. Die wilde Freiheit und die atemberaubende Schönheit des Busches sind auf Jahrhunderte hinaus unzerstörbar. Heute und morgen sprießt schon nach dem ersten Regen ein junger Trieb aus dem Boden, gleich neben der Stelle, wo ein alter Baum von Elefanten umgestoßen worden ist. Wer sein Haus nicht zu Ende baut, kann zusehen, wie der Busch die einmal begonnene Arbeit mit einem grünen Mantel wieder zudeckt.

An der Schwelle zum neuen Jahrzehnt kommt mein Bericht über eine Farm zu einem vorläufigen Abschluß. Ich habe versucht, von der Vergangenheit zu erzählen, die Gegenwart zu schildern und aus meiner Sicht die Zukunft zu deuten. Vieles wird geschehen und alles ist möglich, denn es sind ja schließlich Menschen, die die Geschicke unseres Erdballes lenken.

Die 63jährige Geschichte Momellas hat gezeigt, daß die Ereignisse der Welt und deren Forderungen auch nicht an einer kleinen Farm im Herzen Afrikas spurlos vorübergehen. Selbst in diesem Paradies kann man sich heute nicht mehr verstecken.

Was die Trappes einst begannen, haben Jim Mallory und ich den Bedürfnissen einer neuen Epoche angepaßt und ausgebaut. Wie wird es weitergehen? Was werden die kommenden Jahre bringen?

Warten wir ab, was der nächste Chronist über Momella zu berichten haben wird, wenn eines Tages auch die Zukunft der Vergangenheit angehört.

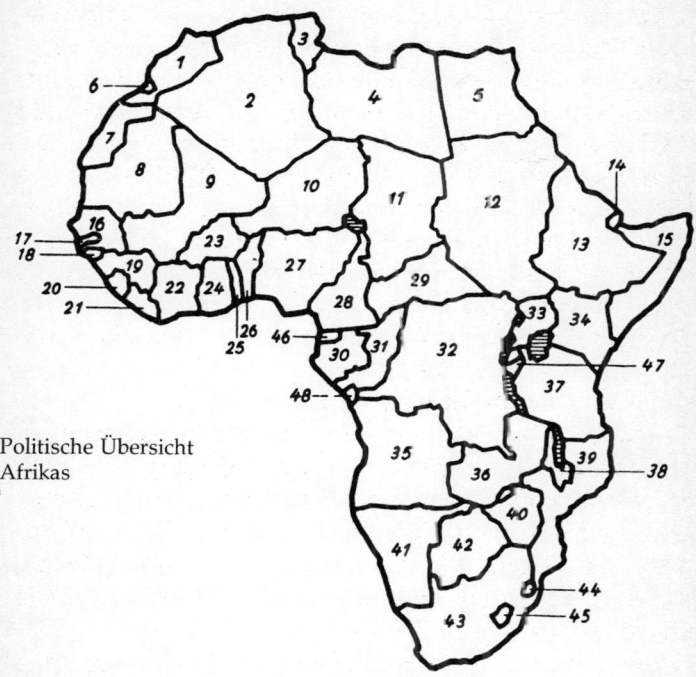

Politische Übersicht
Afrikas

1 — Marokko
2 — Algerien
3 — Tunesien
4 — Libyen
5 — Ägypten
6 — Ifni (Span.)
7 — Spanische Sahara
8 — Mauretanien
9 — Mali
10 — Niger
11 — Tschad
12 — Sudan
13 — Äthiopien
14 — Dschibuti
15 — Somalia
16 — Senegal
17 — Gambia
18 — Portugiesisch Guinea
19 — Guinea
20 — Sierra Leone
21 — Liberia
22 — Elfenbeinküste
23 — Obervolta
24 — Ghana
25 — Togo

26 — Dahomey
27 — Nigeria
28 — Kamerun
29 — zentralafrikanische Republik
30 — Gabun
31 — Kongo (Brazzaville)
32 — Kongo
33 — Uganda
34 — Kenia
35 — Angola (Port.)
36 — Sambia
37 — Tansania
38 — Malawi
39 — Moçambique (Port.)
40 — Rhodesien
41 — Südwestafrika
     (v. Südafrika verwaltet)
42 — Betschuanaland
43 — Republik Südafrika
44 — Swasiland
45 — Lesotho
46 — Äquatorial-Guinea
47 — Ruanda Burundi
48 — Cabinda (Port.)

Inhalt

Seit ihrer Kindheit sind Sandile, der schwarze Sohn
eines Plantagenbesitzers, und Elise, eine weiße Far-
merstochter, befreundet. Sandile entflieht der Über-
macht des Apartheidsregimes, geht nach England, kann
dort ein Studium aufnehmen und engagiert sich für
Nelson Mandela und den ANC. Nach dem Ende der
Apartheid kehrt er nach Südafrika zurück, und die alte
Freundschaft zu Elise lebt wieder auf – bis Sandiles
Vater verhängnisvolle Dokumente aufdeckt. Die Papiere
belegen, daß das Land, das zu Elises elterlicher Farm
gehört, seiner Familie durch weiße Siedler während der
Apartheid genommen wurde. Sandile und Elise kämpfen
daraufhin erbittert um ihr »Herzland«. Es ist ein Kampf,
in dessen Verlauf Sandile in höchste Gefahr gerät.

ISBN 3-404-14490-2

Ein Team von Wissenschaftlern findet sich in der Wüste Kenias ein, um einen aufsehenerregenden Fund zu erforschen, unter ihnen die junge Paläontologin Kathryn Widd. Sie ist froh, ihrem Alltag im Museum entflohen zu sein. Doch die Expedition in die Wüste wird zur Reise in die dunklen Kontinente der menschlichen Seele.

Wie eine vielstimmige Fuge komponiert der Engländer David Lambkin, Träger des südafrikanischen CNA-Literaturpreises, seine ergreifende Geschichte von Liebe und Tod in Afrika.

ISBN 3-404-14494-5